知れば知るほど闇深い
藤原氏の謎

園田 豪

三笠書房

〈はじめに〉

日本史に忽然と現われた藤原氏が描いた「シナリオ」とは

日本史の教科書で飛鳥時代から奈良時代というと、「大化の改新」や「律令政治」といった項目がすぐ思い浮かびます。

当時の日本にとって近隣の超大国だった唐にならって、「大宝律令」や、大きな都の整備が行なわれたり、『古事記』や『日本書紀』、『万葉集』など、飛鳥・天平文化も花開いたと覚えさせられたことでしょう。

確かに歴史としては事実のようであっても、**本当に当時の人々が、大国・唐にあこがれ、その仕組みを進んで取り入れたのでしょうか。**

なぜ、その時に『古事記』や『日本書紀』が書かれ、『万葉集』が編纂《へんさん》されたのでしょうか。

もし、彼らが「あこがれて真似した」「先進的なシステムを導入した」のではなく、「もともとそうやっていた人たちが、日本に来て同じようにやった」のだとしたら……。

もし、今に伝わる古典史料も、「自分たちにとって都合のいいことを書き残し、都合の悪いことは削除して後世に伝わるように作った」のだったら……。

人の考えること、することは、昔も今もそうそう変わらないものです。自分のことを語るとき、誰もがいいところを盛ったり、悪いところは言わなかったりするのに、思い当たるはずです。

飛鳥・奈良の時代にも、そんな人間くさいやり方で、社会をかき回した人たちがいました。

それが、かの「藤原氏」ではないかという証拠が数多《あまた》あるのです。

権力のためにあらゆる手をくだし、天皇すら思いのままにした藤原氏であるからこそ、真実は闇《やみ》に葬られてきました。

本書では、歴史舞台への登場、鎌足《かまたり》から不比等《ふひと》、そして道長ら次代へつながる

「藤原氏」が描いたシナリオを解き明かし、その本当の姿、日本史の真実に迫ります。

・なぜか「中国風の吊り灯籠《どうろう》」が並ぶ奇観の神社
・明らかに「削除された箇所」がある古文書
・「歴代天皇のバトン」に見え隠れするキーパーソン
・当時、「誰がどんな言葉を使っていたか」でわかる出自《しゅつじ》
・「親族の悪行を懺悔《ざんげ》する」ために子孫が祈った寺院……

地形、神社仏閣、遺跡、古文書はじめ、さまざまな手がかりを「一本の線」でつないでいくと、その秘密が明らかになってきます。
飛鳥・奈良の地で起こった、「日本が日本でなくなったミステリー」を探っていきましょう。

園田　豪

もくじ

2 「古文書」に埋め込まれた謎

3 「詠まれた歌」が隠し持つ謎

4

「歴史の舞台」場所・地名の謎

5

「事件・暗殺」の謎

6

今も日本と日本史に残り続ける謎

写真提供　奈良国立博物館：P.103、共同通信社：P.177、アフロ：P.227

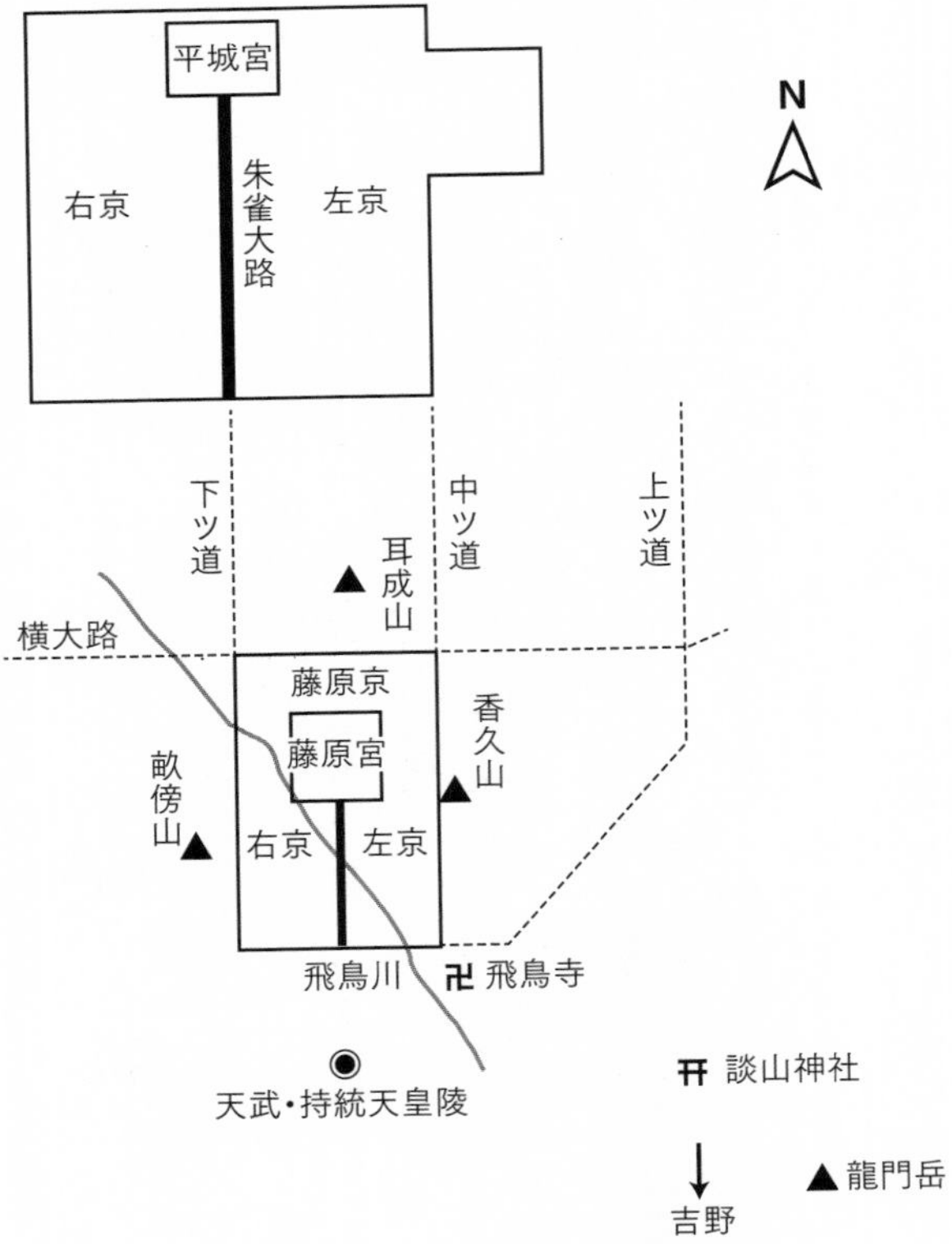
平城宮
朱雀大路
右京
左京
N
下ツ道
中ツ道
上ツ道
耳成山
横大路
藤原京
藤原宮
香久山
畝傍山
右京
左京
飛鳥川
飛鳥寺
天武・持統天皇陵
談山神社
龍門岳
吉野

飛鳥・奈良関係地図

1

暗躍した「歴史的人物」たちの謎

藤原鎌足の神廟拝殿の壁の三清〈道教の祖〉の図（談山神社）

なぜ、飛鳥時代には藤原氏と蘇我氏の名ばかり出てくるのか

『日本書紀』や『古事記』には、日本の古くからの歴史が書かれていることになっています。しかし、その『古事記』にも『日本書紀』にも、日本の古くからの氏族についてはほとんど書かれていません。

実際に飛鳥時代の「歴史上の人物」というと、なぜか藤原氏と蘇我氏ばかりに偏《かたよ》っているように感じます。

なぜ、そうなっているのか、３つの可能性が考えられます。

① 各氏族が記録を残していなかった

② 各氏族は記録を残していたが史書を編纂した人（たとえば太安万侶《おおのやすまろ》など）には読めなかった

③ 編纂方針として各氏族の記録を史書には書かないことにした

日本の古代にはまだ文字がなかったともいわれているので、記録そのものがなかったのかもしれない——つまり、答えは①かと考えられるのでしょうか。

調べてみました。

ありました。

『日本書紀』の持統《じとう》天皇5年（691）に、

「有力十八氏族から墓記《ぼき》、すなわち各氏族の歴史記述を提出させた」

と書いてあったのです。

「墓記」ではなく、「墓誌《ぼし》」であれば、墓に副葬されたりする、埋葬者の生没年やその人生の記録、特に目立った行動、業績などを「墓誌」という小さな板に書けるほどに簡略化したものと思われます。

かつて、太安万侶の「墓誌」が見つかったといったニュースもありました。

しかし、「墓記」というのは、墓に納めるものではなく、各氏族が持つ記録だったと思われるので、「墓誌」よりも内容が豊富だったと考えられます。

このとき「墓記」を提出させられた有力十八氏族の中には物部《もののべ》氏、蘇我氏という古代から大連《おおむらじ》、大臣《おおおみ》として天皇を補佐してきた氏族は含まれていませんでした。

この物部氏は蘇我氏に、蘇我氏は藤原氏に滅ぼされてしまっていたのです。

なぜ、最大の氏族であり、それまではトロイカ体制のように天皇を支えた大連と大臣一族だけが滅ぼされたのでしょうか。この謎の解明は、また後で取り組みたいと思います。

◉「有力十八氏」の歴史はこうして消された

もう一度、先の『日本書紀』の記述に戻ります。驚くべきことにここで提出させたという有力十八氏の記録が何も残されていないのです。

いつの時代も権力者は、自分に都合のいい〝歴史〟を作り、広めるものです。

誰かが都合よく歴史を改ざんした。そう考えるほうが自然でしょう。

その結果が、『日本書紀』はあれど、有力各氏の歴史が消えてしまったということなのです。

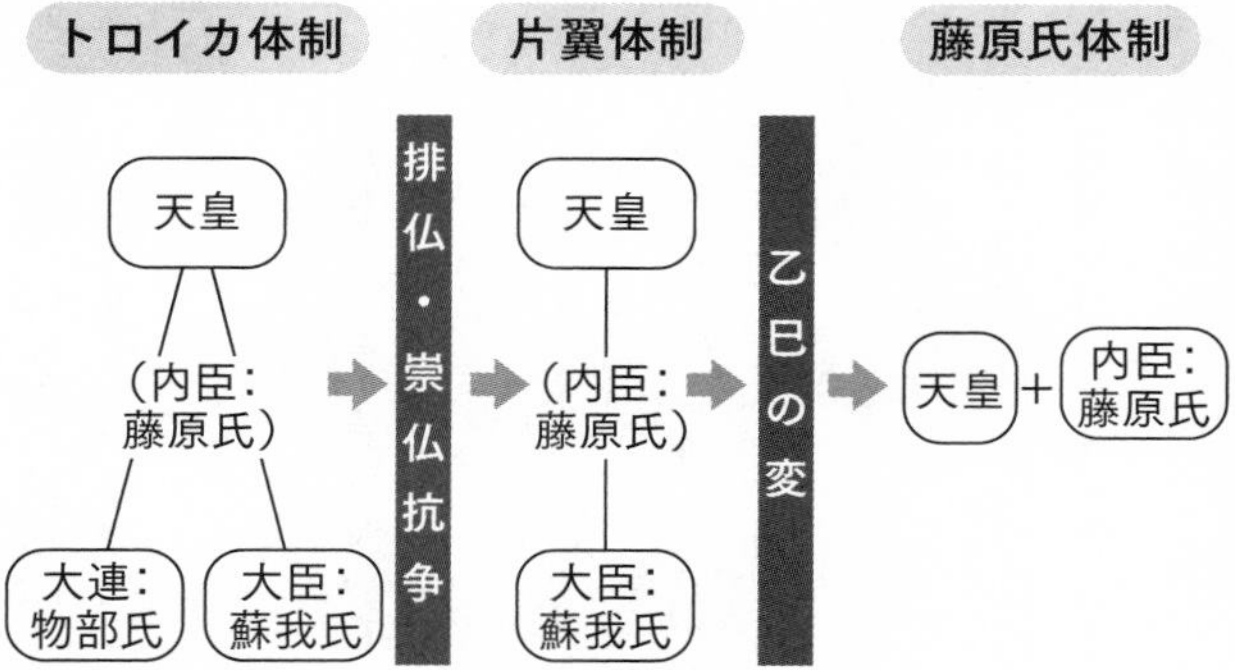

天皇を支えていた「大連」「大臣」とのトロイカ体制を藤原氏は破壊した

では、消し去ったのは各氏の記録だけでしょうか。まだほかにも記録があったのかもしれません。

そうです。聖徳太子と蘇我馬子が編纂したといわれる『天皇記』『国記』です。そういうものがあったと言われていますが、後の世には伝わっていないのです。

なぜでしょうか。蘇我入鹿《いるか》が殺害された「乙巳《いっし》の変」の後、悲嘆にくれた入鹿の父、蘇我蝦夷《えみし》は飛鳥の甘樫丘《あまかしのおか》にあった屋敷を焼いて自害し、その時『天皇記』『国記』が焼失したことになっています。

でも実際は、その時の天皇が蘇我蝦夷であった可能性が高く、**『天皇記』『国**

記』は藤原氏によって持ち出され、内容を確認の上、隠された可能性が高いと思われます。もちろん、藤原氏にとって都合の悪い歴史を消し去るためだったとみて間違いないでしょう。

自分の生い立ちを振り返って記録に残すとき、誰だっていい思い出は書き残しますが、都合の悪いことは書かずにおくか、そのこと自体を忘れたことにしてしまうでしょう。

都合の悪い史料を焼き捨てたという例は、少し時代が下りますが記録にあります。南北朝の頃の『神皇正統記《じんのうしょうとうき》』の中で北畠親房《きたばたけちかふさ》が、

「桓武《かんむ》天皇が、日本の天皇が呉《ご》（中国古代の国の名前）の太伯《たいはく》の末だと書いた史料を焼き捨てた」

と書いているのです。

日本の古代史、特に藤原氏にまつわる話には、「あれっ、なぜ？」「これってヘン！」と感じることがたくさん出てきます。これからいろいろな謎に迫っていきます。

なぜ、神器の授受に藤原氏が「賜る・献ずる」と絡むのか

昭和から平成へ、平成から令和へ——と天皇が代替わりの際に「三種の神器」という言葉が出てきます。

三種の神器は皇位の象徴とされる、天皇が即位するのに必要なものです。神剣《しんけん》、神鏡《しんきょう》、神璽《しんじ》だといわれ、神代《かみよ》の昔に地上に降臨するニニギノミコトに天照大神《あまてらすおおかみ》が授けたと伝えられてきました。

でも神鏡と神剣は第10代崇神《すじん》天皇の時代に宮中から追い出され、各地を巡った後、創建された伊勢神宮に納められました。神剣は後に熱田神宮に遷されました。ですからその後の天皇家に伝わった剣鏡はレプリカ的なものといえるでしょう。

さらに壇ノ浦の戦いで剣は海底に沈んだままです。

『日本書紀』の即位の場面に三種の神器が登場するのは継体《けいたい》天皇と持統天皇だけ

です。神器継承の実際がどうだったのかには検証が必要でしょう。

その後、**藤原氏が実権を握った天武《てんむ》天皇の時代に、藤原氏独自の神器のような権威の徴《しるし》を作ったらしいとされています。これが、黒作懸佩刀《くろづくりかけはきのかたな》という刀です。**どうやら天武天皇が、神剣である草薙剣《くさなぎのつるぎ》の祟《たた》りで病気になったのが、この刀が作られたきっかけだったようなのです。

では、その黒作懸佩刀は宮中に現存するのでしょうか。

そういう疑問がわくことでしょう。この刀は現存します。でも宮中ではありません。正倉院の宝物殿の中に保管されています。

つまり、聖武《しょうむ》天皇の皇后が多くの宝物と一緒に正倉院に献納したのですが、その献納物のリストである「国家珍宝帳《こっかちんぽうちょう》」の中に不思議な記述がありました。

その内容は、

「右は、草壁皇子《くさかべのみこ》が常に佩《は》いていた刀であるが、藤原不比等に賜った。文武《もんむ》天皇が即位するに当たり、藤原不比等が珂瑠皇子《かるのみこ》（文武天皇）に献じ、文武天皇が崩御に際し藤原不比等に賜った。そして藤原不比等が死去に際して首皇子《おびとのみこ》（聖武天皇）に献じた」

というものでした。

◉天皇家の公式の場にいつも立ち会っている人物

「黒作懸佩刀」が皇統を示す徴（レガリア）だとすれば、その授受は皇統を示すはずです。

そうなっているのかどうか、『日本書紀』に書かれている天皇の系譜と、この「黒作懸佩刀」の授受の流れを比べてみます。

〈日本書紀の天皇〉　天武――持統――文武（珂瑠）――元明《げんめい》――元正《げんしょう》――聖武（首《おびと》）

〈黒作懸佩刀の授受〉　天武――草壁皇子――不比等――珂瑠皇子――不比等――首皇子

と異なっています。

また、注目すべきは先の「国家珍宝帳」の中の表現です。「賜る」と「献ずる」の言葉遣いが使い分けられています。そこだけ抜き出すと、

草壁皇子――「賜る」――藤原不比等
藤原不比等――「献ずる」――珂瑠皇子
文武天皇――「賜る」――藤原不比等
藤原不比等――「献ずる」――首皇子

プレゼントは「あげる」「もらう」で互いの関係が歴然とわかるものです。「国家珍宝帳」では、藤原不比等はあくまで「臣下」として皇統のシンボルを皇子に「献じて」います。そして皇太子や天皇は藤原不比等に「賜って」います。

しかし、**本当に藤原不比等が「臣下」であれば、なぜ、皇統のシンボルの授受の中心になっているのでしょうか。**これからその霧を晴らしていきましょう。

なぜ、一個人の居宅に大きな寺が造られたのか

奈良の平城宮に隣接する東宮（皇太子の屋敷）のすぐ東側に、法華寺《ほっけじ》というお寺があります。十一面観音像などで有名なところです。拝観したことがある人もいることと思います。

このお寺の正式名称は「法華滅罪寺《ほっけめつざいのてら》」といいます。なぜ「滅罪」などという名前なのでしょうか。

建てた人が、よほど悪事を働いたから自分が地獄に落ちないようにと願って建てたのか、あるいは、身近の人が地獄に落ちないようにとこの寺を建てた可能性もあるでしょう。

さて、どちらだと思いますか。

まず、建てた人は誰でしょうか。

答えは光明子《こうみょうし》。藤原不比等と縣犬養三千代《あがたいぬかいのみちよ》の娘です。聖武天皇の皇后となった人で、聖武天皇の母の藤原宮子《みやこ》は光明子の異母姉にあたります。

では、建てた場所はどういうところでしょうか。答えは藤原不比等の屋敷跡です。

なにやら登場人物が揃ってきたようです。この中に、寺を建てて滅罪を祈願しなければならないほどの悪事を働いた人がいるのでしょうか。

チェックしてみましょう。

まずは光明子です。

光明子は不比等が権力基盤を確立しようとした時期に生まれ、藤原氏による権力闘争や皇位継承操作などの権謀術数《けんぼうじゅつすう》の渦巻く環境で育ちました。しかし、仏教に深く帰依《きえ》した結果、東大寺の大仏建立や国分寺の建立にも関与した人物です。どうやら光明子自身には悪事の痕跡が見えません。

法華寺を建てたのが藤原不比等の屋敷跡というのが気になります。藤原不比等に悪事の匂いがするでしょうか。

どうも〝匂い〟などというものではなさそうです。

不比等は天武天皇の皇太子だった大津皇子《おおつのみこ》を謀殺《ぼうさつ》し、その後の皇太子だった草壁皇子を暗殺、そして太政大臣となっていた高市皇子も殺害しているようです（92ページの「関係図」参照）。

藤原氏の権力構造を確立するためとはいえ、多くの謀殺、暗殺にかかわってきた――**仏教を信じる光明子から見れば、父である藤原不比等が地獄に落ちるに違いないと感じたのではないでしょうか。**

光明子が篤く仏教に帰依したのも、そもそも本当は、父・藤原不比等の滅罪のためだったのかもしれません。父思いの光明子、ひょっとすると、東大寺の大仏だって藤原不比等のための造立《ぞうりゅう》だったのかもしれません。

◉新築の寺にはそのとき、そこに建てられる理由がある

こういった滅罪のための寺の建立には先例があります。

山階寺《やましなでら》、後の興福寺《こうふくじ》が挙げられます。

藤原鎌足が蘇我氏を滅ぼしたときの状況が、『今昔物語《こんじやくものがたり》』の「淡海公始造山階寺語第十四《たんかいこうはじめてやましなでらをつくることだいじふし》」に書かれています。要点だけを現代語にしてみると、

「蘇我入鹿を討《う》とうとしていた時、『本日重罪を犯《おか》して悪人を殺そうと思う。当然罰を受けることになるけれども、許しを請《こ》うために釈迦《しゃか》三尊《さんぞん》像を造って安置する』と念じました。そしてそれを陶原《すえはら》の家に堂を建てて安置し、供養しました……」

藤原鎌足は、有名な「乙巳の変」（６４５年）で蘇我入鹿を殺害しました。直後に天皇としてふるまっていた蘇我蝦夷が屋敷に火をかけ自害して、蘇我氏は滅びました。

そして、言葉通りに藤原鎌足は釈迦三尊像を造っています。

その後、藤原鎌足は京都山科《やましな》の陶原館《すえはらのやかた》で病気になりました。その時に夫人の鏡姫王《かがみのおおきみ》が邸内に山階寺を建立してその釈迦三尊像を安置しています。６６９年のことでした。

藤原鎌足は、直接的に、また間接的に藤原氏の権力奪取に邪魔な存在を消してきました。

有間皇子《ありまのみこ》の謀殺、山背大兄王《やましろのおおえのおう》一族の虐殺、蘇我入鹿の暗殺など、多くの血塗られた事件に関与してきました。夫人が真剣に藤原鎌足の滅罪を祈ったと考えて不思議はありません。

この山階寺はその後、藤原不比等によって平城京に移され、興福寺になりました。その時点で、**藤原鎌足の滅罪のための寺から、藤原一族の滅罪の寺へとその性格が変わったのだろう**と推察しています。

では、興福寺は藤原氏が建立し、維持することになったのでしょうか。いいえ、藤原氏どころか、興福寺の造営が国家予算による国家事業として行なわれるようになりました。720年に「造興福寺仏殿司《ぞうこうふくじぶつでんし》」という役所まで設置しています。「国家プロジェクト」にはそれだけの大義があり、多額の予算が必要なものです。

藤原氏の支配力が大きくなっていくことが、この事実からもうかがえてくるのです。

なぜ、藤原不比等は「祟り」をそんなに恐れたのか

672年の「壬申の乱《じんしん》」で勝利を手にし、天武天皇となった大海人皇子《おおあまのおうじ》には特技がありました。

それは「天文・遁甲《とんこう》」、つまり占いです。

科学の発展した21世紀でも「占い」の結果は気になります。今から1300年以上前の世であれば、よく当たる占い師が言ったことには、より信ぴょう性があったことでしょう。

中国の『三国志』には、諸葛孔明《しょかつこうめい》が戦いに際して「八門遁甲《はちもん》」と呼ばれる中国式の占いを利用したことが書かれています。

天文の知識で天象《てんしょう》を読み、遁甲の知識で占っていたのです。

ある時、天武天皇は病気になり、薬を飲んでも、僧を集めてお経を読ませても

治らないどころか、ひどくなるばかりでした。それならばと、天武天皇は自らの病気の原因を得意の遁甲で占ったのです。

衝撃的な結果が出ました。

何と、**たまたま身近においていた草薙剣の祟りだと出たのでした。**

天武天皇は大いにあわて、三種の神器の一つに祟られたのでは仏教式の祈りでは効果が出ないのも当然だと、すぐさま草薙剣をもともとあった熱田神宮に移し、今まで行ったこともない伊勢神宮に使者を送って供《そな》え物をしたりしました。

天武天皇自身はもう一つ、祟り封じの対策をしていました。

草薙剣を遠ざけただけでは、祟りへの対策が不十分だと思ったのでしょう。現在の奈良県天理市にある石上《いそのかみ》神社のすぐわきに出雲建雄《いずもたけお》神社を創建して、草薙剣の荒魂《あらみたま》を祀ったのです。

「祟りをしないで鎮《しず》まっていてください」ということだったのです。

「荒魂」とは、神の「荒ぶるこころ」のことで、「優しい心」である和魂《にぎみたま》と区分でき、禍《わざわい》を起こすのは荒魂だと考えられていました。

しかし、そのすべてに効果がなく、天武天皇は崩御してしまいます。

その様子を間近で見ていた天武天皇の弟である藤原不比等は、雷に打たれたように恐怖心に取りつかれてしまいました。「なんてこった。祟り封じをしなければ」と考えたに違いありません。

もちろん、自分にも祟るかと占ったのでしょう。その後の行動の素早さから見て、祟ることを確信したのだと思われます。

◉「仏教式」では日本の神の祟りに効かない？

では、不比等はどんな祟り封じをしたのでしょうか？

『日本書紀』には載っていませんが、天孫降臨の時以来という超重要な10種の瑞《ずい》宝《ほう》が埋祭されている石上神社の聖地への参道の向きを変え、そこに中国風の回廊や拝殿を造っています。さらに、宝物と人々の心的接触を防ぐために、剣先石《けんさきせき》柱《ちゅう》で現在の禁足地と呼ばれる埋祭場所を囲ってしまいました。

また、伊勢神宮内宮《ないくう》への参道も付け替えられたのではないかと見ています。

ここで「剣先」と表現される三角の部分は、道教の世界でも神域と俗域との境界の表示です。

邪馬台国《やまたいこく》の女王・卑弥呼《ひみこ》が魏の皇帝から三角縁神獣鏡《さんかくぶちしんじゅうきょう》という鏡をもらった、と教科書で読んだことがあるでしょう。これは、鏡の縁が三角形で縁取られており、その中に霊獣がいる——つまり道教の神仙世界を描いています。

その三角形は、もともとは龍の鱗《うろこ》のイメージだったとされ、その三角形で囲まれたところは霊的な閉鎖空間となると信じられていたようです。

このような日本の在地の神々の封じ込めは、たとえば住吉大社など、多くの神社に認められます。日本でのしめ縄と似たものでしょうか。

藤原不比等はじめ、藤原氏の出自が道教にあったとすると、兄の天武天皇が祟りで亡くなったためになおさら祟りを恐がり、避けようとしたことにつながります。

道教では天象、気象、瑞兆《ずいちょう》などで吉凶などを判断してきました。この頃、白雉《はくち》という年号が使われたことがありますが、それは瑞鳥（縁起《えんぎ》の良い鳥）である白い雉《きじ》が献上されたから、と改元されたくらいだったのです。

なぜ、持統天皇は「吉野日帰り旅」を繰り返したのか

「吉野といえば？」

と聞けば、

「そりゃ、山一面の桜でしょう」

と返事がくるかもしれません。

吉野は桜、といってもヤマザクラですが、超有名なところです。なぜ、「吉野」は桜をはじめ、今も特別な「何か」をまとっているのでしょうか。

吉野は古代から「神仙境《しんせんきょう》」とされてきました。それは藤原鎌足が、吉野の地は中国の五台山《ごだいさん》という道教と仏教双方の聖地の南台に相当する場所であるとしたのに加え、片麻岩《へんまがん》という流紋《りゅうもん》が見える特殊な地層でできているところから、ここそが「神仙境」であるとしてきたのです。

そして、そこに離宮を造り、折々に訪ね、花や景色をめでていたようです。天武天皇も「壬申の乱」の直前の出家の際と、「壬申の乱」に勝利した後での体制固めとしての六皇子の「吉野の盟約」の際の2回、吉野を訪れています。ところが、天武天皇の後を継いだ持統天皇は、なんと32回もこの吉野行幸《ぎょうこう》を繰り返しました。一方、持統天皇の次の文武天皇は吉野にはほとんど足を向けていません。

天皇がわざわざ出かけるのには何らかの意味があるものです。

「何しに行ったんだろう?」——誰でも持つ疑問です。

すでにお話ししたように、持統天皇の時代に、有力十八氏の墓記を提出させ、『古事記』『日本書紀』という史書の編纂が始まりました。

その歴史を藤原氏の意向通りに改ざんするためには、もともと日本にいた在地氏族の目に触れぬように藤原氏だけで取り組む必要がありました。また、大津皇子の殺害、草壁皇子の殺害などの謀議も衆人環視の飛鳥で行なうわけにはいかなかったと思えます。3章で取り上げる『万葉集』もおそらく秘密裏に作ったのでしょう。

◉「秘密の場所」でいったい何を

何か「悪だくみ」を行なうときは、誰もが陽なたの明るいところでなく、他人から見えづらい秘密の場所に行きたがるものです。

「秘密の基地がほしい！」

と藤原不比等が願った、と考えてみるとどうでしょうか。

談山宮《たんざんぐう》（談山神社）では飛鳥に近すぎます。大和盆地の南の境の山、龍門岳《りゅうもんだけ》を越えれば吉野という「神仙境」です。その山中に基地を作る――そうすれば、**飛鳥《あす》浄御原宮《かのきよみはらのみや》から吉野離宮に行くと称して、秘密基地で内緒話ができる。**そう考えたのでしょう。そこで造ったのが龍門寺《りゅうもんじ》です。

『今昔物語』に「藤原氏の寺」と書かれているところからも、ここは藤原氏以外の入域を拒否していたようです。

龍門寺は伊勢街道の山口という小さな集落から岳川に沿って、山に入っていくと現われる、龍門の滝の奥に存在した、寺というより道教寺院でした。

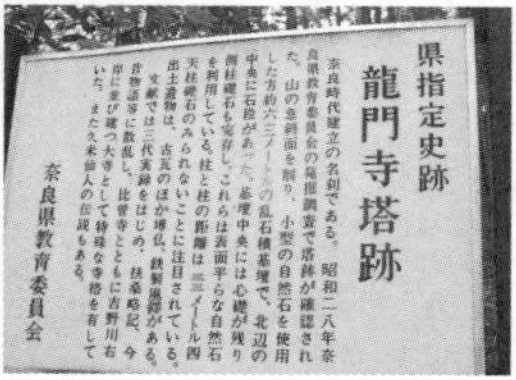

「龍門の滝」――この奥に道教寺院があった

この龍門寺に頻繁《ひんぱん》に日帰りの行幸をしていた持統天皇とは何者だったのでしょうか。飛鳥から龍門寺への道程が山越えであることとその距離を考えれば、騎馬でなければ行き来は困難でしょう。その点からも、かの梅原猛さんが、持統天皇を女性だと思い込み、「吉野に思い人を隠していた」などと発表していますが、持統天皇は天武天皇の后《きさき》などではなかったのだと思われます。

龍門寺にたびたび向かう必然のあった藤原不比等と実際に何度も行った記録が残る持統天皇の関係とは――。

この事実からまた謎に切り込んでいきます。

コラム

久米の仙人の話

昔、龍門寺には3人の仙人がいたといいます。さすが神仙境の吉野ですね。その3人とは、大伴仙《おおともせん》、安曇仙《あつみせん》、そして久米仙《くめせん》でした。

その中の久米の仙人は空中飛行の術をよくし、毎日、龍門岳から葛城山《かつらぎさん》の間を飛行して往復していました。

ある日のこと、久米の仙人がいつものように飛行していると、久米川（大和川の支流）のほとりで洗濯をしている若い女が目に入りました。その女のあらわになった白い太腿《ふともも》が、久米の仙人の目に焼きついてしまいました。

突如、煩悩《ぼんのう》の炎が……。その瞬間、久米の仙人は術を失い、墜落してしまったのです。そして凡人となって、その女を妻にして生きたとか。

この久米の仙人の窟屋《いわや》が、いまも龍門の滝のすぐ下流に存在します。本物の仙人がいたところです。一度訪ねる価値があると思います。

なぜ、藤原氏は「天皇の位」を手に入れられたのか

藤原氏は権力奪取のために邪魔な存在を消してきたとこの章で提示しました。
では、藤原氏は一気に権力を手中に入れたのかというとそうではありません。百年の計のような長期戦略のもとに何代もかけて、一歩一歩着実に謀略を進めたと考えられるのです。日本人の行動とはとても思えません。

その流れはどんなものだったのか、駆け足で見ていきましょう。

① 新旧朝廷間の抗争を利用

倭国《わこく》では長い間、朝鮮半島の新羅《しらぎ》系の天皇が続いていました。
その中には雄略《ゆうりやく》天皇や武烈《ぶれつ》天皇のような悪逆非道《あくぎやくひどう》の天皇がいて、倭国の民の信

頼を失うことが、その頂点に達しました。そこで倭国の在地氏族は東北を根拠地とする「日高見国《ひたかみのくに》」からの天皇に戻そうと、継体天皇を招き入れました。

しかし、飛鳥に勢力を持つ新羅系天皇（名前不詳）の抵抗のために飛鳥に入ることができないために倭国の天皇となれず、困っていました。中国・北魏《ほくぎ》の宗室《そうしつ》が一族を従えて倭国に渡来したのがその時でした。

そして、彼らは継体天皇に助力して飛鳥入りをさせたのです。さらに、旧勢力による暗殺事件の折にも、継体天皇の皇子を守り切りました。この皇子が欽明《きんめい》天皇となり、藤原氏の王を寵臣《ちょうしん》としたのです。こうして藤原氏は倭国朝廷に食い込んでいったと考えられます。

② トロイカの一角を崩す

藤原氏は倭国の体制を弱める画策をしました。

当時の政治体制で天皇の脇を大連と大臣が固めるトロイカ体制を、仏教導入を利用して揺るがし、まず、大きな権力と武力を持っていた大連の物部氏を滅ぼすことに成功しました。

③ 巧妙な策略

その後、大臣の蘇我馬子が擁立した崇峻《すしゅん》天皇が自分に反発するようになったので、蘇我馬子は天皇を暗殺してしまいます。

おそらく藤原氏が背後で糸を引いたのでしょうが、そのことは隠されているようです。

次に推古《すいこ》天皇の時代に、国民から絶大な人気を誇った聖徳太子も蘇我氏に暗殺させます。その結果、舒明《じょめい》天皇が誕生します。

ここで信じられないことが起きます。高向王《たかむくのおおきみ》（実は渡来氏である藤原鎌足）の妃だった寶皇女《たからのひめみこ》を舒明天皇の皇后にしたのです。

その時、高向王と寶皇女との間には「漢皇子」と呼ばれる漢人とのハーフの子がいました。それが皇太子となった中大兄皇子《なかのおおえのおうじ》だと考えられます。ついに藤原氏が天皇となる道ができたのです。それにしても、すでに外国人の妃であり、子持ちで、当時では中年とされる年齢の女性を皇后にするなど、キングメーカー・藤原鎌足にしかできない前代未聞のことがここで起きたのです。

④藤原鎌足が天皇の廃立を決定

舒明天皇以降の天皇と藤原鎌足の関係を見てみましょう。

天皇	藤原鎌足との関係
舒明天皇	皇后が藤原鎌足（高向王）の元妃（皇后となる前に子供あり）
皇極《こうぎょく》天皇	舒明天皇の皇后、つまり藤原鎌足の元妃（寶皇女）
孝徳《こうとく》天皇	皇極天皇の弟、つまり藤原鎌足の元妃（寶皇女）の弟（軽皇子《かるのみこ》）
斉明《さいめい》天皇	皇極天皇の重祚《ちょうそ》、つまり藤原鎌足の元妃（寶皇女）
天智《てんじ》天皇	皇極・斉明天皇（寶皇女）の子、つまり藤原鎌足の子（中大兄皇子）
天武天皇	藤原鎌足の子
持統天皇	実は藤原不比等、つまり藤原鎌足の子

これだけの歴代天皇が、すべて藤原鎌足の近縁者となっています。
こんな記述が『日本書紀』に存在します。

舒明天皇のところではなく、斉明天皇の箇所に〝そっと〟という雰囲気で重大なことが書き入れられているのです。

それは、寶皇女が舒明天皇の皇后となる前は高向王（藤原鎌足）の妃であり、漢皇子《あやのみこ》という子供がいたというものです。

そして舒明天皇の皇后となってから二男一女を生んだ、とありますが、皇后になったときに既に37歳であったことを考えると、当時の状況ではとても事実とは思えません。それに、すでに子がいる女性を舒明天皇が皇后に、と望むはずがありません。ここには何か大きな力が働いたとみるべきでしょう。

裏ですべての差配をしていたのが藤原鎌足なのです。

⑤蘇我氏も滅ぼした

皇極天皇の時代、実質的に蘇我蝦夷が天皇の如《ごと》く振る舞っていました。本当は本物の天皇だったのかもしれません。

大連の物部氏を滅ぼして天皇家を片翼飛行に追い込んだ藤原鎌足は、今度は中大兄皇子を使って蘇我入鹿を暗殺します。その直後に蘇我蝦夷も自害して蘇我氏は滅亡しました。とうとう大連、大臣を消し去って天皇を一人ぼっちにしてしまいました。両翼をもがれた朝廷は、もう藤原鎌足の手中のものになったのです。

⑥ 壬申の乱

それだけでは終わりませんでした。藤原氏の「目標」は北魏宗室、すなわち中国・北魏の純粋な皇統を日本に根づかせ、将来にわたって存続させることだったからです。

天智天皇となった中大兄皇子は「漢人」の藤原鎌足と「倭人」の寶皇女との間のハーフでした。

それでは藤原氏の「目標」と異なります。ハーフの天智天皇が天皇でいては困るだけでなく、その天智天皇の子（大友皇子）が後継天皇となってはならないのです。

そこで北魏宗室といえる大海人皇子（天武天皇）が、まず天智天皇を暗殺し、その後「壬申の乱」を起こしてその子供の大友皇子も滅ぼしました。

◉周到な計画――6つの謀略

①〜⑥を実行、成功させるために藤原氏がどう動いたのか、これから具体的に見ていきます。

周到な計画のもとに、「目標」を何代もかけて成就《じょうじゅ》した藤原氏のこの歴史をそのまま「正史」に載せるわけにはいかないので、大きく改ざんして『日本書紀』が作られました。**権力者が自らに有利なように編纂したのが正史、『日本書紀』の正体だと考えられるのです。**

『日本書紀』の謎については次章で迫ることにしましょう。

「正史」とされなかった史書や伝承のことは「稗史《はいし》」といわれますが、私はこんな言葉を座右の銘としています。

〈正史必ずしも真ならず、稗史必ずしも偽ならず〉

なぜ、藤原氏は鎌足、不比等、道長……と栄え続けたのか

江戸時代の朝廷では、大臣就任の資格を持つ上位公卿《くぎょう》17家系のうち14家系が藤原氏、残り3家系が源氏であり、徳川をはじめとした主要武家の多くも源平や藤原流を称していました。これをあわせ考えれば、**皇統と藤原氏の二つだけの血統が日本の支配階級をほぼ独占し、しかも約1300年もその状態が継続したという世界でもまれな状態だったといえましょう。**

では、なぜそんな支配体制が確立できたのでしょうか。

それはどうやら藤原不比等によって「藤原氏独裁システム」が作られたようなのです。

前項で、「壬申の乱」で天智天皇の子である大友皇子を滅ぼした大海人皇子が天武天皇となったところの概略をお話ししました。

その天武天皇以降の天皇は皆、藤原不比等の、息子、娘、孫なのです。
整理すると、

①天武天皇の弟である藤原不比等が持統天皇に
②その子の珂瑠皇子《かるのみこ》が文武天皇に
③文武天皇と、藤原不比等の娘である宮子との子、首皇子《おびとのみこ》が幼少に過ぎたために藤原不比等が再度皇位につき、元明天皇に
④その元明天皇の死を受けて宮子が、ワンポイント・リリーフのように元正天皇に
⑤その後、成長した首皇子を聖武天皇に

●「摂関政治」へのシステムづくり

これは偶然では処理できない流れです。藤原不比等は、千年の先まで藤原氏の朝廷が継続するようなシステムを考えたのです。名づければ、**「藤原氏永続シス**

テム」といえましょう。

・システム1：後継天皇は天皇の嫡子《ちゃくし》とする

・システム2：皇后は、不比等の子供の四兄弟の子孫から選ぶ（↓これで中国・北魏皇帝の嫡流《ちゃくりゅう》が日本の天皇として永続的に継承していく）

・システム3：日本にもともといる在地氏族は皇位につけてはならない。在地天皇の子孫にあたるものはできるだけ排除する（↓倭人の血が混じった高市皇子《たけちのみこ》〈持統天皇によって暗殺された〉の子である長屋王《ながやおう》も最終的に滅ぼされた）

いかがでしょうか。このようにして、奈良時代から平安初期にあった多くの変や乱は徐々に収まり、やがて「摂関政治《せっかんせいじ》」という藤原氏絶対政権が続くことになりました。

そして、驚くことにそのシステムが江戸時代にまで、換言すれば明治政府誕生まで続いたことです。こんなことは世界史を見てもほかに例がありません。

「鎌足がつき　天武が捏《こ》ねし　天下餅　喰らい続けて　千三百年」なのです。

2

「古文書」に埋め込まれた謎

『建武式目』の冒頭部分～
3行目に「漢家本朝」とある

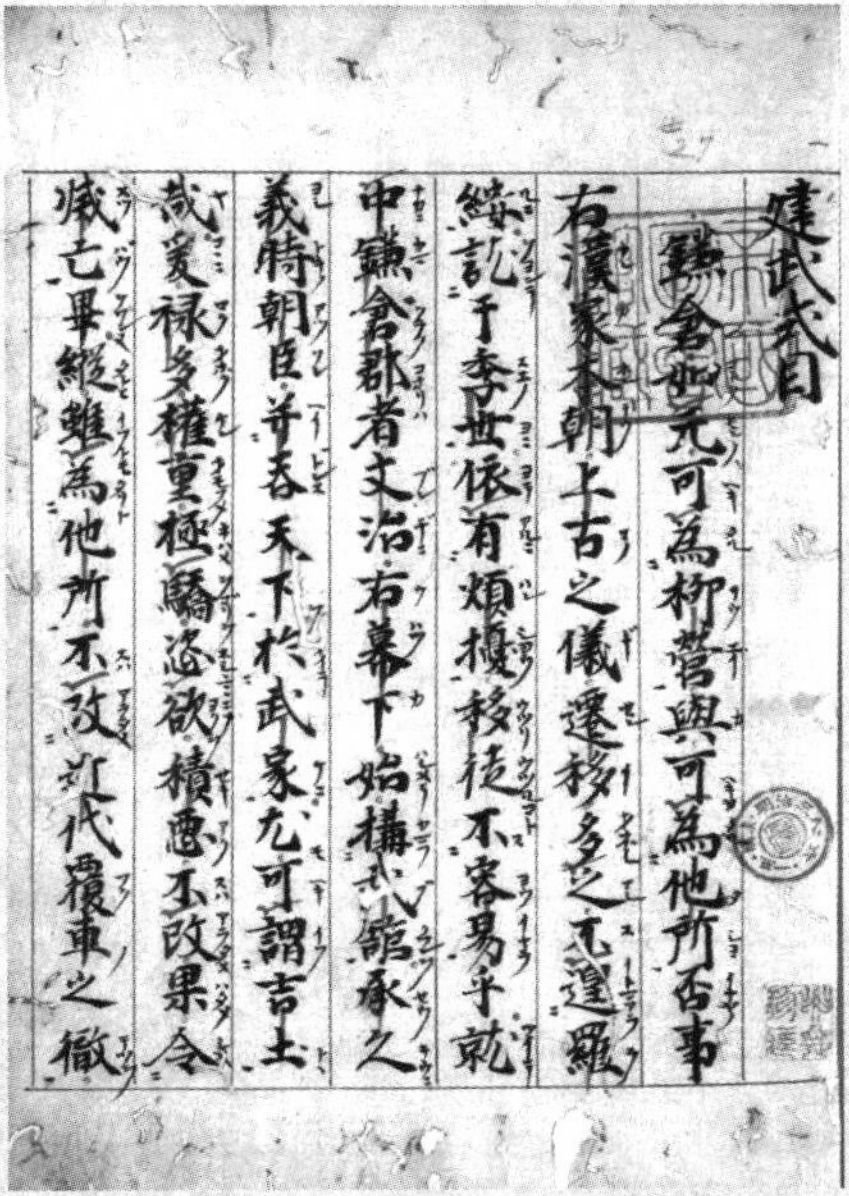
建武式目
鎌倉如元可為柳営歟可為他所否事
右漢家本朝上古之儀遷移多之不遑羅
縷訖于季世依有煩擾移徙不容易乎就
中鎌倉郡者文治右幕下始構武館承久
義時朝臣并呑天下於武家尤可謂吉土
哉爰禄多権重極驕恣欲積悪不改果令
滅亡畢縦雖為他所不改近代覆車之轍

なぜ、『古事記』の「序文」は「本文」と一致していないのか

『古事記』にある序文は序文ではない――そう言ったら、それってどういう意味だ、と聞かれるでしょう。

ここに藤原氏の秘密がひとつ隠されているのですが、まずは『古事記』のあらましをまとめておきましょう。

その序文は四六駢儷体《しろくべんれいたい》という、なかなかに美しい漢文で書かれています。「臣太安万侶が申しあげます」で始まり、「合わせて3巻に記録し、謹《つつし》んで献上します」で終わります。つまり、天皇に差し出す「上表文《じょうひょうぶん》」というものでした。

最初に天地が分かれた時から天武天皇より前までの歴史の要約をし、次に天武天皇の「壬申の乱」を含む治世と古事記編纂の詔《みことのり》に触れ、特に稗田阿禮《ひえだあれ》に関する記述を加え、次に元明天皇の命により古事記編纂を再開し、完成したことを編

纂者の太安万侶が述べています。

しかし、その歴史の要約部分には、重要なことが抜け落ちているような感じがします。

「イザナギとイザナミが以後の万物の生みの親となった」

とありますが、大八洲国《おおやしまぐに》ができた話がほとんどないのです。

『古事記』の本文では、生んだ国は大八洲国と呼ばれる、四国、九州、中国地方と近畿地方及び周辺の島々であり、本州の主要部である東国（美濃、尾張、伊勢以東の国々）と、東北（日の本国、日高見国など）を含んでいないのです。

本州の東国と東北の地域は、古代に日の本国または、日高見国と呼ばれた縄文時代から続く王国があり、それらを「蝦夷《えぞ》の国」と呼んで征服していく様子が『日本書紀』『続日本紀《しょくにほんぎ》』などにも書かれています。

征夷大将軍・坂上田村麻呂という名前を教科書でも聞いたことがあるでしょう。

この坂上田村麻呂は、中国からの渡来氏族（東漢氏《やまとのあやうじ》）の者です。そして延暦《えんりやく》21年（802）の阿弖流爲《あてるい》の降伏によって、ようやく東北全域を平定しています。

『古事記』編纂時点ではまだ東北の一部を征服したに過ぎなかったということを歴史に残したくない、との意識が『古事記』をまとめた者には強く働いたのでしょう、特に天皇に奏上する上表文には書けなかったものと思われます。

●『古事記』には「新版」と「旧版」があった？

さて、序文の後半に元明天皇から命じられたことに触れています。現代語にすれば、

「和銅《わどう》4年9月18日に安万侶に命令が出ました。稗田阿禮に誦《よ》ませた勅語《ちょくご》の旧辞《きゅうじ》を撰録《せんろく》して献上せよとのことでしたので、その通りに仔細《しさい》に取り上げました」

と書いています。

ところが、ちっとも仔細に記述されているわけではないのです。

実例を示すと、

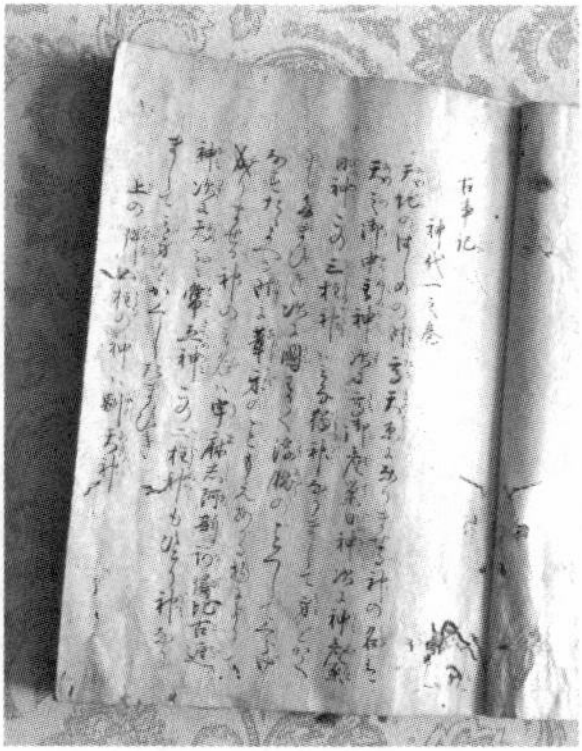

『古事記』『日本書紀』は改ざんされている(『古事記神代の巻』園田豪蔵)

【崇峻天皇】弟、長谷部若雀《はつせべのわかさざき》天皇が倉椅《くらはしの》柴垣宮《しばがきのみや》で4年間天下を治めました。壬《みずのえ》子《ね》年11月13日に亡くなり、御陵《ごりょう》は倉椅の岡の上にあります。

【推古天皇】妹、豊御食炊屋比賣命《とよみけかしきやひめのみこと》が小《お》墾田宮《はりだのみや》で37年間天下を治めました。戊子《つちのえね》年3月15日癸丑《みずのとうし》日に亡くなりました。御陵は大野岡の上でしたが後に科長大陵《しながのたいりょう》に遷《うつ》しました。

推古天皇といえば、聖徳太子が摂政で、遣隋使を送り、十七条憲法を定め、冠位十二階をも定め、斑鳩《いかるが》宮で執務したなど重要な話題が多い時代での天皇です。なのに、たったこれだけの記述しかありません。

上表文（序文）に、「仔細に拾った」と書いておいて内容がこのように貧弱では、勅命《ちょくめい》による編纂なのですから、編纂者は罪に問われてもおかしくないでしょう。

でも、太安万侶がそんな上表文と内容が異なるものを編纂するわけがありません。そうすると、可能性があるのはただ一つ、**仔細に記述したものを献上したのちに、内容が削られたのではないかということです。**

すると、『古事記』には新旧二つがあったのかもしれないとの疑惑が生じます。もう一つ、謎をつけ加えれば、太安万侶が古事記編纂を命ぜられたのが和銅4年9月18日。そしてこの上表文の日付、すなわち古事記を献上した日が和銅5年1月28日であることです。

着手から完成までの期間が4カ月強というのは、いくらなんでも短かすぎないでしょうか。

ワープロもパソコンもない、すべてが手書きの時代の編纂事業なのです。この件は次項で検討しましょう。

なぜ、たった4カ月で『古事記』は完成できたのか

『古事記』序文の最終部分には、

「旧辞の誤り違っているのを惜しまれ、先紀の誤りが錯綜《さくそう》しているのを正そうとされて、和銅4年9月18日に太安万侶に詔《しょう》して、『稗田阿禮が誦んでいる勅語の旧辞を撰録して献上せよ』とのことでしたので、謹んで、詔旨《しょうし》の通りに仔細に取り拾いました」

とあります。そして前項でお話しした通り、この序文（上表文）の日付が和銅5年1月28日なのです。その間、わずかに約4カ月です。

いくら旧辞の内容を稗田阿禮が暗唱できていたとしてもそれは無理でしょう。稗田阿禮が口述する内容を漢文に写し取り、内容を取捨選択し、特定の人に都合のいいものに編集するという作業を想像すれば不可能だと判断できます。

では、なぜできたのでしょうか。

それは、**天武天皇の時からまとめてきたものを元明天皇の時に完成させたとして、元明天皇の功績にしようとの配慮があったせいではないでしょうか。**現代でも同様なことがありますね。論文などの謝辞に、「○○さんのご指導の賜物」などと書いてあるものです。

では、天武天皇の時からどうやってまとめてきたのでしょうか。

天武天皇がこう言ったとあります。

「聞いたところでは、諸家の持つ帝紀と本辞《ほんじ》には、既に間違いがあり、虚偽が加わっているとか。いま改めなければそれを失ってしまうことになる。これらは我が国の歴史であり、国家の基礎となるものだ。誤りを削り、真実を定め、後の世に伝えたい」

このことは『古事記』序文にあるだけでなく、『日本書紀』の天武天皇10年（681）に、

「帝紀と上古の諸事を書き定めるよう命じた。中臣大嶋と平群子首《へぐりのこびと》が自ら筆を執って記録した」

とあります。これが『古事記』の編纂の始めかどうか確実ではないものの、その可能性が大きいと思われます。

ここで、稗田阿禮という人が登場しています。この人はとても聡明で、見たらそれをすぐに口にし、聞いたことはすぐに覚えてしまうほどだったとか。そこで、この人に『帝皇日継《ていおうのひつぎ》』と『先代旧辞《せんだいくじ》』を誦み習わせたのでした。この稗田阿禮が誦むものを取捨選択、改正して、『古事記』を作ったということです。

それにしても4カ月ほどでまとまるなんて不可能でしょう。やはり、天武天皇の指示通りに進めてきていたのを元明天皇が命じ、作成させたように取りつくろったように思われます。

●今、私たちが古文を読み解くように、稗田阿禮も……

『古事記』の編纂の過程を再確認してみます。

『帝皇日継』および『先代旧辞』
←
稗田阿禮が誦み習う
←
誤りを削り、正しくする
←
編集して完成

この流れを見て根本的な疑問を感じます。『帝皇日継』と『先代旧辞』が存在するならば、その内容を修正してまとめればいいだけではないのでしょうか。なぜ、稗田阿禮に誦ませ、記憶させる必要があるのでしょう。

実はそこに深い謎を解くカギがあるように思えます。『帝皇日継』と『先代旧辞』は、漢文ではなく、倭国の古代文字で書かれていたと考えてみたらどうでしょうか。

でも、日本には飛鳥時代に朝鮮半島から漢字が伝わるまで文字がなかったともいわれていたはずです。

『隋書《ずいしょ》』に、「倭国には文字がない」と書いてあり、また、『古語拾遺《こごしゅうい》』に忌部広成《いんべのひろなり》が、上古《じょうこ》には文字がなかったと〝聞いた〟と書いていることもあって、この説がいわれているのでしょう。

また、それは『古事記』を作らせた権力者が、もともと倭国は文化程度が低く、自分たちの文化程度は高かったのだとその差を際立たせたかったという願望もあったのではないでしょうか。

実際に**大化の改新の「大化」という年号にも、「無知なる民を、教養と節度のある民にするために教え、大いに変化させる」との意味が込められているのです。**

日本に古代文字は本当にあったのでしょうか。

『日本書紀』の欽明天皇2年、つまり532年の箇所に次のような書き込み(「注」のようなもの)があります。

「伝わっている『帝王本紀《ていおうほんぎ》』には、多くの(倭国の)古代文字が使われている。

その編纂者はしばしば交代したので、受け継いだものがその意味をとって（字を）削除したり改めたりした。数多くの写し替えを経《へ》てきたので、ついに内容に混乱をきたしてしまった。前後の脈絡が合わなかったり、兄弟が食い違ったりしている。今、古今のことを探求して、正しいものに戻した。もし、真実を定めがたい場合はその中の一つを選んで記し、異論を註として記載する。ほかの部分も皆同様である」

この文を見ると、**『日本書紀』の編纂者が『帝王本紀』の古代文字が読めなくて困った様子が目に浮かびます。**そして、この状況は『古事記』の編纂でも同じだったはずでしょう。

『日本書紀』は『帝王本紀』などが古代文字で書かれていることを記し、『古事記』序文はそれらの古代文字を稗田阿禮の目、頭、口というわば翻訳機に通して内容を把握したことを記しているのです。

それまでに書かれていた書物があるのに、それをわざわざ語り部に暗唱させて編集した、などという面倒なことをやった裏の事情がここに示されているのです。

なぜ、『古事記』と『日本書紀』で食い違いがあるのか

『古事記』序文には、天武天皇が帝紀と本辞には間違いがあるばかりでなく、虚偽が加わっているので、今それを正して後世に伝えねば、と言ったとあります。

『日本書紀』では、欽明天皇の子供たちの記載のところに諸説を記したのに続いて、先に示したように、

「帝王本紀には多くの（倭国の）古代文字が使われている。意味をとって（字を）削除したり改めたりし、数多くの写し替えを経てきたので、ついに内容に混乱をきたしてしまった。前後の脈絡が合わなかったり、兄弟が食い違ったりしている」

と書いています。

『古事記』や『日本書紀』に出てくる『旧辞』『先紀』『帝王本紀』などというそ

れまでに書かれていた書物とは何なのでしょうか。

『天皇記』と『国記』という存在があります。

この『天皇記』と『国記』を編纂したのは、聖徳太子と蘇我氏でした。

その時代は聖徳太子が摂政をしていたのですから、推古天皇の時代です。

推古天皇といえば、欽明天皇の娘の一人で、その名前は豊御食炊屋比賣命《とよみけかしきやひめのみこと》です。

豊は美称《びしょう》といって、飾りみたいなものなので省くと、その意味は、御食＝お食事、炊屋＝飯《めし》炊き小屋、比賣＝おんな、ですから簡単にいえば「飯炊き女」ということです。

そんな名前は天皇にふさわしくない、という声が聞こえてくるようです。

ひょっとしたら、これに似た名前を聞いたことがある読者もいるのではないでしょうか。そうです。伊勢神宮外宮《げくう》の祭神の豊受大御神《とようけのおおみかみ》です。豊受と大御食とは文字表記が違うだけで意味は同じだと思われます。

話を戻しますが、「帝王本紀には多くの（倭国の）古代文字が……」という、前項で取り上げた『日本書紀』のただし書きは、まさしくこの豊御食炊屋比賣命の兄弟姉妹などの紹介のところにつけられていますか。なぜ、この箇所につけられているのでしょうか。推古天皇には疑問があるとのサインのようです。

豊御食炊屋比賣命が推古天皇だとされている時代に、聖徳太子が蘇我氏と協力して編纂したのが『天皇記』『国記』だったのです。

『古事記』の記述が推古天皇までなのに対して、『日本書紀』がその先の持統天皇まで記述されている理由がここにあります。

聖徳太子の『天皇記』『国記』を資料に『古事記』を作ったのなら、聖徳太子の時代、つまり推古天皇までの記述で終わるのが当然です。

それ以後の『日本書紀』での記述は、その後の時代の権力を握った者が実際に経験し、記録を残していた史料を基にしていると考えれば、『古事記』と『日本書紀』の違いも納得です。

●昔のことより直近の史料が多いはずなのに

それでは、なぜ、欽明天皇から推古天皇までの『古事記』の記述が、53ページで取り上げたような天皇の名前、皇后、子供の名前と墓だけのような味気ないものになったのでしょうか。

歴史に関しては、古い時代ほど史料が少なく、近しい時代ほど史料の量も多く、その信頼性も高いものです。それなのに**新しい時代の記述が極端に少ないという特徴を持つ『古事記』は、記述していいことだけで成立したことを物語っているようです。**

記述ができないこと、あるいは記述があっても削除されたこととしては、欽明天皇の時代に仏教を導入し、それを尊重したい大臣の蘇我氏と、仏教導入反対の大連の物部氏が争い、物部氏が滅亡させられたことがあげられるでしょう。

このほかにも崇峻天皇の暗殺や、聖徳太子による遣隋使の派遣、十七条憲法の制定なども『古事記』には記述されていません。

それらは『天皇記』『国記』には、記述があったことでしょう。

しかし、これらの事件に関わることは、まだ記述するわけにはいかない何かがあったと考えられるのです。

なぜ、「倭国」が「日本国」に変わったのか

『古事記』の冒頭に、神々の生まれ出る場所として「高天原《たかまがはら》」という名が出てきます。アマテラスやイザナギ、イザナミが織りなす神代の世界のあったところといった理解でしょう。

本当は「高見原」だったようです。「見」は「ま」と読みます。

では、その意味はどうだったのでしょうか。

「後見する」「高見する」といった用法からは「治める、支配する」といったニュアンスが感じられます。服属国や植民地をある国が支配している時、「ある国が高見している」といった表現をし、現代的にいえば宗主国といった言葉に相当します。

たとえば、「アフリカ諸国の多くが植民地だった頃、フランスがその宗主国だ

った」といったように使います。ですから宗主国は国名ではありません。

では、高天原の国名はなんといい、どこにあったのでしょうか。

国名は「日の本国」でした。「ひのもとのくに」と読みます。あった場所は山陽、山陰、近畿を除いた本州です。特に現在の東北六県のエリアをコアにしていたようです。


「高天原」は神代に出てきますが、「日高見国」という表記はどこにも出てきません。それは日高見国が支配していた属国（「大倭《おおやまと》」と呼びましょうか）のエリアこそ、大和朝廷の支配権のあるところだったからです。

逆にいうと、**大和朝廷はそのエリアを「高見」している日高見国、つまり日の本国から独立したということを示しています**。そして大倭は東へ、北へと宗主国をどんどん侵略し始めました。

『常陸國《ひたちのくに》風土記《ふどき》』の「信太《しだ》の郡《こおり》の条」には、

「此《こ》の地は本の日高見の国なり」

という記述があります。日高見国の一部を奪い取ったことが明らかです。

また、宮城県多賀城市《たがじょう》にある多賀城碑には、都や各国との境界までの里程《りてい》（距離）が記されていますが、その中に「去蝦夷國界一百廿里」とあり、多賀城碑を建てた時代に蝦夷（つまり日高見国）との境界が北方の遠くないところにあったことを伝えています。

日本海側での柵《さく》と呼ばれる砦《とりで》の北進、多賀城以北に一戸、二戸……と北進した痕跡が明瞭に残っているのです。大和朝廷が「宗主国を侵略してその土地を奪った」とは正史に書けなかったというのがその理由だったのでしょう。

◉「高天原」が意味している場所

その頃、「倭国」と称していたのが日本国に国号が代わっています。

倭国は朝鮮半島の百済を救おうと白村江《はくすきのえ》の戦いに臨《のぞ》み、敗北します。戦勝国の唐は倭国を、百済《くだら》や新羅と同様に占領しようとします。

そこで、全面的に占領されるのを避けようと倭国は画策をします。

唐に対して、「斉明天皇が命じたから、白村江の戦いに1000艘もの軍船を参加させた。その斉明天皇はすでに死んだ（暗殺）。そして生まれ変わった証拠に国名を倭から日本に替えた」などと言い訳をしました。

その**日本という国号は、もともとの宗主国である「日の本国」の名そのものでした。**

このことは、『新唐書　巻二百二十　列傳第一百四十五　東夷　日本』の中で、

「670年に唐の高麗平定に祝いの使者を送った。倭という名は悪いので国号を日本と変えた。使者が言うには、日が昇るところに近いから、また、日の本という小国を奪い、その国号を奪った」

と記述されています。

また、『三国史記　巻第六　新羅本紀第六　文武王　上』にも、

「670年12月に倭国が日本と国号を替えた」

とあります。

このような「日の本国侵略」という事実があるために、『日本書紀』に日高見国を記入できなかったのでしょう。さらにその実在の日の本国を、高天原という名前で、天上の国のようにせざるを得なかったのです。

なぜ、『古事記』ではなく『日本書紀』が「正史」なのか

ここまで、『古事記』『日本書紀』の記述の謎を挙げてきました。

そもそも、『古事記』と『日本書紀』でなぜ、「記」と「紀」の字が異なるのでしょうか。

『古事記』の「記」とは、そもそも正史ではないことを示しています。「記」とは、すべての事物を記載する書物のことをいい、中国では『礼記《らいき》』や『史記《しき》』があります。

では、中国の正史はどのようなものでしょうか。

一般に、正史の名前は「○○書」となります。たとえば、『漢書』『唐書』『魏《ぎ》書《しょ》』『宋書《そうじょ》』といったものです。

これらは普通は本紀と列伝に分かれています。

本紀には皇帝ごとに、たとえば「高宗紀」といったようにまとめられます。列伝には皇后や家臣の主だった人たち個々の事跡が書かれています。

では、『日本書紀』の構成はどうなっているでしょうか。

天皇ごとに、たとえば、「天武紀」「持統紀」といった具合にまとめられています。

中国の正史と同じ構成です。ただし列伝はありません。

ではなぜ、『日本書』ではなく、『日本書紀』なのでしょうか。

ここに藤原氏の謎を解く一つのカギがあります。

中国での正史、たとえば『漢書』『後漢書』『魏書』『隋書』『唐書』などは、その王朝が滅びた後、後継王朝によって編纂されてきました。

『日本書紀』を編纂した者はそのことをよく知っていたと思われますから、『日本書』という名前には大きな抵抗があったと想像します。それでは日本が一度滅びてから次の王朝が編纂したといっているようなものになるからです。

ここで**藤原氏がもともとは中国・北魏系の渡来氏であり、倭国（日本）の天皇**

の位を奪い取って天下を取ったと考えてみたらどうなるでしょうか。つまり、日本の王朝が中国風に変化したと見てみるのです。

中国では王朝が替わるたびに国名が変化しています。たとえば、隋から唐に替わったように。でも、その変革は大きな乱や戦争により、前王朝が崩壊、消滅することによって起こりました。

しかし、王朝が変化したのに、なぜ、日本という国名が変化しなかったのでしょうか。

渡来した藤原氏は日本の天皇と戦争をしたわけではありません。簡単にいえば、日本の天皇位を「略取《りゃくしゅ》」したのです。

そして、藤原氏は永続する「藤原氏の王朝」を作ろうとしていました。そこで、倭国（日本）ではもとの王朝から藤原氏の王朝に交代があった事実を隠し、あたかも一つの王朝を一系の天皇が治めてきたかのように歴史を書き換えたのです。

王朝変化を暗示するサインは何かあるでしょうか。

あります。

王朝が交代した時の初代の天皇を「始馭天下之天皇」または、「御肇国天皇」

と『日本書紀』では書き表わしています。その読みは「はつくにしらすすめらみこと」などとされてきました。「最初に国を治めた天皇」という意味ですが、何と初代天皇である神武《じんむ》天皇と第10代である崇神天皇にその表現が使われています。

しかし、藤原氏の天皇である天武天皇に関してはその表記が見当たりません。当然です。

藤原氏が従前の天皇の子孫だとしている以上、書きたくても「御肇国天皇」とは書けなかったのです。

その代わり、天武天皇の名前を「天渟中原瀛真人天皇《あまのぬなはらおきのまひとのすめらみこと》」と表記しています。「中原」は中国の函谷関《かんこくかん》以東の地域、「瀛」は北魏・北斉の時代に中原に存在した「瀛州《えいしゅう》」という北魏の嫡室が北斉滅亡時にいた場所、「真人」は道教での優れた道士《どうし》のことなので、名前から北魏からの渡来氏であることを示しています。

表向きには書かないけれど、天武天皇が新王朝を開いた、とそっと書き入れたということでしょう。

◉彼らは『魏書』の続きにしたかった？

本来、藤原氏は、自分たちが中国で北魏、東魏、北斉と続いた北魏皇統の宗家として、自分たちの正史は中国の『魏書』の「帝紀第十三」以降を追加補正したものにすればいいとの意識があったのではないでしょうか。

・帝紀第九　粛宗孝明帝《しゅくそうこうめいてい》
・帝紀第十　敬宗孝荘帝《けいそうこうそうてい》
・帝紀第十一　廃帝《はいてい》、前廃帝《ぜんはいてい》、後廃帝《こうはいてい》、出帝《しゅつてい》
・帝紀第十二　孝静帝《こうせいてい》
・帝紀第十三　天武帝
・帝紀第十四　持統帝

のように続けたかったのかもしれないのです。

とはいえ、『日本書紀』編纂時点ではまだ漢風の諡号《しごう》（貴人が亡くなったあとにおくられる名前）が作られていませんでしたし、自分たちの一族がなる以前の天皇の行き場がなくなってしまいます。

そこでやむを得ず、『魏書』ではなく、『日本紀』という名前にしたのではないでしょうか。

そして、**渡来したという出自を隠し、一系の天皇が治めてきたことにするために、日本という王朝名にしたのでしょう。**

そして、独立した王朝の正史にふさわしく『日本書』としようとした。しかし、すでに『日本紀』という呼び名が周知のものになっていたので『日本書紀』というどっちつかずの名前になったのだと考えられます。

なお、正史とした『日本書紀』は、広く藤原氏以外にも公開しましたが、『古事記』については非公開だったようです。その中身の食い違いを知られたくなかったのだと想像されます。

なぜ、藤原氏が渡来したことが書かれていないのか

『日本書紀』には、藤原氏が渡来したことについて一切触れられていません。それは、藤原氏が渡来氏であることを隠したかったからだと考えられます。渡来氏であることを誇りながら、一方で正史の上では渡来氏であることを隠す――この微妙な、そして困難な目的をもって『日本書紀』を編纂したようです。

もともと藤原氏は、中国・北魏の皇帝の宗室（嫡流）が日本に渡来したものです。

北魏が崩壊、滅亡したので倭国に逃げてきたのでしょうか。中国にいられなくなったのは事実なのでしょうが、彼らは落人《おちうど》的なマインドはもっていませんでした。倭国に北魏を再興するつもりでいたように考えられます。実際、これから検

証していく藤原鎌足らのさまざまな権謀術数の年月を経て、天武天皇が実質的な北魏の再興を果たしたと考えられるのです。

その体制を盤石にし、千年の先まで藤原氏の王朝が続くように、藤原不比等がシステムの構築をしました。

天皇を藤原不比等の直系の孫である聖武天皇の子孫に限定し、不比等の4人の男子だけに藤原を名乗らせ、その藤原氏から皇后を選ぶというシステムにしたのです。

室町時代の『建武《けんむ》式目《しきもく》』という公文書には、「漢家ガ本朝」という語が明記されています。天皇家が中国オリジンだという意味を示しています。

藤原鎌足も、中臣《なかとみの》鎌足と称していた時に、神祇《じんぎ》官《かん》（神関係を扱う役所）のトップである神祇《じんぎ》伯《はく》になることをすすめられましたが断っています。これは、もともと自分たちは中臣氏の者でなどないことを逆に示すサインだったのかもしれません。実際に、藤原鎌足は談山神社に道教的に祀られていることからも渡来氏であることは明らかです。

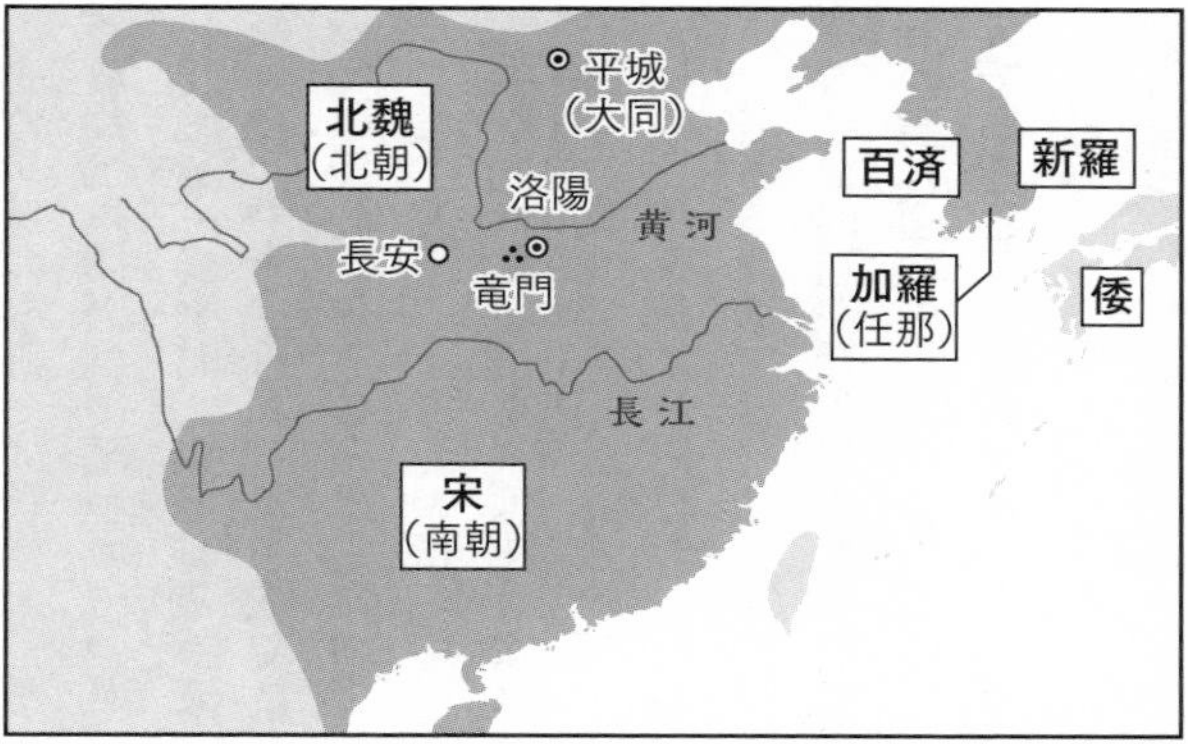

中国(北魏)と日本(倭)

◉祖先のことを誇りつつ隠したかった微妙な心理

では、彼らはなぜ誇るべき祖先を隠したのでしょうか。

倭国はもともとの「日の本国」が西方へ拡大した地域が統治範囲です。

具体的には、伊吹山地、鈴鹿山脈、和泉山脈から西側になります。「国生み神話」で大八洲国と呼ばれている範囲に相当します。これらの山脈には関が設置され、その東側を東国と呼んでいました。

そこに「日の本国」から饒速日《ニギハヤヒ》が統治責任者として派遣され、いわば倭国王となったのです。

その「日の本朝」は崇神天皇からは、朝鮮半島の百済・新羅系王朝に取って代わられ、継体天皇に至ってやっと「日の本朝」に戻ったのです。

それからそれほど時代が過ぎていないのに、またもや渡来氏が王朝を建てたとなれば、「よそ者感」が半端ではないでしょう。そこで在地、つまり「日の本系」の氏族と偽《いつわ》ることにしたのです。

では、渡来してきたのに「中臣氏」という名にしたのはなぜでしょうか。

中臣氏は史料によれば、もとは卜部《うらべ》氏だったとあります。要するに神祇、つまり神事に関係する氏族となっています。

一方、藤原鎌足が道教の人であることはすでに触れましたが、道教は彼らのルーツである北魏では、仏教と並ぶ国教でした。

ここで問題が発生します。**自分たちのことを倭国古来の氏族としたいのに、それが実は道教の人というのではピッタリきません。ここはやっぱり神道を信じる人であると示す必要があったのではないでしょうか。**

なぜ、九州を唐に占領された記録が消されたのか

藤原氏にとって都合が悪いために『日本書紀』に記載されていないのでは、と考えられることはそのほかにもあります。

それは「白村江の戦い」に関する記述です。

斉明天皇6年（660）に唐・新羅連合軍に朝鮮の百済は滅ぼされました。百済に対して倭国は、宗主国の立場から人質としていた王子を帰し、百済の再興に加勢します。

天智天皇2年（663）には、倭国は水軍1000艘を白村江に送り、唐との決戦に臨みました。しかし、実際に戦闘に参加したのは400艘に過ぎなかったのです。

決戦というのに、半分以下の軍船しか戦わなかったのはなぜでしょうか。

普通に考えれば理解できない行動です。しかし、これは相当に考えた戦略のようです。

藤原氏は中国・北魏の宗室（嫡流）が倭国に渡来したもので、その先祖は北魏皇統のもととなった鮮卑《せんぴ》の拓跋部《たくばつぶ》でした。

では、唐の以前の王朝であった隋はどうでしょう。実は、隋も鮮卑系の楊氏《ようし》の王朝でした。そして唐もどうやら鮮卑系の李氏《りし》の王朝でした。

その出自を比べれば、同じ鮮卑系でも、藤原氏は北魏皇統の宗室というプライドから唐に負けるわけにはいきませんでした。

かといって唐というそのときには何十万の兵を動かせる超大国に勝てる道理もありません。しかも、百済再興のために支援をしなくてはならないというとても複雑な関係性の中にあったのです。

そこで藤原氏が採用した戦略は、とても微妙なさじ加減を必要としました。

① 倭国にいた百済人や百済に縁のあるものを４００艘の軍船に乗せ、唐の水軍

と戦わせる。

② 1000艘の軍船のうち、600艘という半数以上を戦いに参加させず、唐に敵意のないことを示す。

というものです。戦う前から敗戦を想定し、敗戦後の扱いがひどくならないようにしたのです。

それでも戦い、敗れた以上、賠償《ばいしょう》が必要でした。665年には、唐の高宗《こうそう》が泰《たい》山《ざん》で行なった封禅《ほうぜん》の儀（帝王が天と地に即位を知らせ、天下泰平を感謝する儀式）に東夷《とうい》四国《しこく》の酋長《しゅうちょう》の一人として、倭国の代表者が敵将・劉仁軌《りゅうじんき》に引き連れられて参加し、高宗の前にひれ伏しました。

白村江での敗戦の後、倭国水軍は百済の人々を収容して筑紫に連れ帰りました。そして現在の福岡県・太宰府の場所に百済人たちに水城《みずき》、城、柵などを作らせて居留地としました。そこを、日本が朝鮮半島に置いてきた任那《みまな》日本府と同様に、筑紫大済府《たいさいふ》（大済は百済の別称）と呼んだと思われます。これが後年大宰府《だざいふ》と変化して呼ばれるようになったもとではないかと考えています。

◉「筑紫大済府」と「筑紫都督府」

しかし、**その大済府に唐は占領軍を送り、筑紫都督府《とくふ》としたのです。**実際に宇治で、唐からの使者による軍実《ぐんじつ》（戦時賠償の品）のチェックを受けています。

日本が歴史上、外国の勢力に占領されたなどと聞いたことがありません。後の明治政府は万世一系の天皇と神国日本をよりどころにして国内の統一を図ってきましたので、かつて日本が敗北したり、占領されたことがあることは隠されてしまいました。

当時の藤原氏もその事実を隠しました。「正史」に、同じ鮮卑系の他王朝に負けて占領されたなどと書くのは、そのプライドが許さなかったのかもしれません。

占領された現実への対応もされました。

唐との全面戦争となって負けた時の退路確保のために、658年には阿倍比羅《あべのひら》夫《ふ》に命じて北海道、樺太《からふと》を経て大陸の粛慎《しゆくしん》まで調査をさせ、退避ルートをおさえています。

668年には、戦争に備えて越《こし》の国（本州の日本海側の地域）から燃える土（瀝青《れきせい》）と水（石油）を献上させています。火戦に使う目的です。このほか対馬《つしま》から筑紫、瀬戸内、そして大和というルート沿いに城を築き、烽火《ほうか》台《だい》（「のろし」をあげる場所）を設置しました。

藤原氏が隠したとしても、その片鱗《へんりん》くらいは『日本書紀』の中にありそうです。**直接的な「筑紫都督府」という言葉が『日本書紀』天智天皇6年（667）のところにたった一カ所ですが残されています。**

ただし、岩波書店の『日本古典文學体系　日本書紀　下』（昭和47年版）の頭注では、この「筑紫都督府」について「筑紫大宰府をさす。原史料にあった修飾がそのまま残ったもの」と断言してしまっています。倭国が唐に占領されていた事実を否定したいという政治的要求に沿った解説だったように思えて仕方がありません。

この「筑紫都督府」の語が存在するのは、改ざんしたことのサインを残すという編纂方針の表われだと考えられるのです。

なぜ、皇室の風習に「中国化」が進んだのか

「大化の改新」というと、中央集権化が進められた政治改革とされています。

しかし、実際は「乙巳の変」などで蘇我氏を滅ぼし、ついに**天皇を支えていた大連も大臣もいなくなり、朝廷までもを思いのままにした藤原氏が、自らの出自に合わせて中国化・漢化《かんか》政策を打ち出したものでした。**

しかし、それを一時中断せざるを得なくなりました。

百済と新羅の争いなど朝鮮半島の情勢が大混乱となり、大国・唐が新羅と結んで百済を滅ぼしたからです。

百済の再興に日本は力を貸しましたが、白村江の戦いで唐に完敗し、その後、敗戦国として筑紫都督府を置かれるようになったことは前述した通りです。

そこで新羅と同盟を結び、唐に対しては対応を重ね、国内では「壬申の乱」に

勝った天武天皇が権力を握りました。

儀鳳《ぎほう》（唐の年号）元年（676）には、唐による九州の占領を脱したので、10月に宴《うたげ》を行なっています。

中国の風習の孟冬旬《もうとうのしゅん》（天皇が臣下から政務をきく儀式）だったのでしょう。677年には東漢直氏《やまとのあやのあたい》（応神朝《おうじんちょう》に中国から渡来した後漢系の阿知使主《あちのおみ》を祖とする帰化集団）に、「小墾田《おはりだ》の世以来七つの罪を犯した。罰すべきだが今回だけは許してやる」と天皇が宣言し、服従させました。

唐の調露《ちょうろ》元年（679）には、吉野で六皇子に誓約をさせています。682年には「新字一部四十四巻」の作成を命じました。その字は梵字《ぼんじ》のような形だったといいます。おそらく鮮卑文字のようなものだったのでしょう。

そして中国風の髪型への変更を指示し、禮儀《れいぎ》言語《げんご》の状《じょう》（宮中での礼儀作法、使用する言語）を定めています。

このように漢化政策を始めていますが、律令のまとめなど内政にも忙しく、着手したものはそれほど多くはありませんでした。

◉宮中では「濁音」は忌み嫌われる

持統天皇の称制《しょうせい》（即位せずに政務を執《と》る）となった688年、天武天皇の葬儀の時に楯臥儛《たたふしのまい》を始めました。翌年には大学寮が卯杖《うづえ》を献上しました。

楯臥儛とは舞楽です。闕腋《けってき》（両脇を縫い合わせない武官用の中国服）の打掛を着て甲冑《かっちゅう》をつけ、鉾《ほこ》を持って演じるものです。

卯杖は正月の上卯日《かみのうのひ》に、邪気を払うという杖を献上する中国の風習に沿って行なわれたものです。漢の時代に桃の枝で剛卯杖《ごううじょう》を作り、鬼気を払い除いたとの故事に基づくものであり、その卯杖そのものについては『延喜式《えんぎしき》』（927年）の中の「左右兵衛式《さうひょうえしき》」に記述があります。

同年に戸籍の作成に取りかかり、成年の4人に1人を兵士とするとしました。

690年には、元嘉暦《げんかれき》（中国の元嘉年間に使われた太陰太陽暦）と儀鳳暦《ぎほうれき》（唐の儀鳳年間に伝わった暦）の使用を開始しました。

691年に有力十八氏の墓記を提出させました。

６９３年には漢人が「踏歌《とうか》」を奉じました。**踏歌そのものが漢の時代から伝わる中国の舞踊で、それに伴う歌はもちろん漢語でのものであり、またそれを舞ったのが漢人であるとの記述からも、宮中がすでに漢人たちの社会であったことは明らかでしょう。**

こんな話もあります。

下って江戸時代に、徳川秀忠の娘の和子が後水尾天皇に嫁《か》しています。その入内《じゅだい》の時に、名前の読みを「かずこ」から「まさこ」に替えているのです。

その理由は、宮中では濁音が忌《い》み嫌われるという慣習があったからだといわれています。

中国語には濁音が存在しません。あるのは有気音《ゆうきおん》と無気音《むきおん》だけです。そのためか、濁音を耳にするといやな感じを受けるようなのです。

ここからも朝廷が漢人（中国人）で構成されていることがわかります。

なぜ、皇位継承は藤原氏近縁者ばかりで出来上がったのか

歴史は視点を変えてみると途端に違う、本当の世界が見えてきたりするものです。

人間の場合でも後ろ姿にこそ人格がにじみ出ていることがある――それと似たようなことでしょうか。

稀代《きだい》のフィクサー・藤原鎌足サイドからもう少しみてみましょう。

そもそも天皇が藤原鎌足の近縁者ばかりとなった最初の舒明天皇とは、何者だったのでしょうか。

舒明天皇は、押坂彦人大兄皇子《おしさかひこひとのおおえのみこ》の子の「田村皇子《たむらのみこ》」でした。

父親が天皇ではないのですから、「田村皇子」ではなく、「田村王」と表記され

なければならないところですが、それでは天皇にしたのがインチキに見えるので『日本書紀』編纂者が〝そうした〟のでしょう。

また逆に、そのストーリーに合わせるために本当は「山背大兄皇子」だったのを「山背大兄王」と表記替えした可能性もあります。

なぜ、藤原鎌足はそんな無理をしてまで「田村皇子」を舒明天皇にしたのでしょうか。

それまで絶大な人気を誇った聖徳太子の暗殺後に、その子の山背大兄王が天皇になれば復讐《ふくしゅう》される恐れがあったからでしょう。

それは、**本来天皇になれない田村皇子を天皇にすることで恩を売り、藤原氏が自由自在に操ろうと考えたものと思われます**。

舒明天皇の皇后には、寶皇女という高向王（藤原鎌足）の妃で子持ちの、しかも当時としては若くはない女性がなりました。

この寶皇女は、蘇我氏滅亡の「乙巳の変」の後に、彼女の弟が孝徳天皇となり、さらにそれを後継する斉明天皇に自身がなっているところから見て、これらを主導したのは藤原氏、その中でも藤原鎌足だと思われるのです。

◉鎌足が描いた「ストーリー」

「事実は小説より奇なり」の見本のようなストーリーです。まとめてみましょう。

①候補外だった田村〝皇子〟を、〝皇太子〟だった山背大兄〝王〟（皇子）を押しのけて舒明天皇とする。条件は藤原鎌足（高向王）の妃だった寶皇女を皇后とすること（藤原鎌足と寶皇女の間の子であるハーフの中大兄皇子を天皇の子とした）

②寶皇女を皇極天皇とした（実質的に藤原鎌足が全権を握った。邪魔者は蘇我氏だけになった）

③「乙巳の変」で蘇我入鹿を暗殺。中大兄皇子に手柄を立てさせた。蘇我蝦夷も滅ぼし、ついに大臣、大連を消し去った

④寶皇女の弟を孝徳天皇という「名ばかり」天皇にした。藤原鎌足は「大化の

改新」と銘打って、漢化（北魏化）政策を強力に進めた

⑤孝徳天皇を見捨て、再度、寶皇女を斉明天皇とした。同天皇は、大土木工事を行ない、奈良の多武峰《とうのみね》に両槻宮《ふたつきのみや》（道教の施設）を設置したりしたが、この時代は朝鮮半島の百済の滅亡や唐との関係悪化などにより大化の改新は中断状態だった（寶皇女〈舒明帝皇后＝皇極天皇＝斉明天皇〉が道教の人であることを示している。つまり藤原鎌足に大きく影響を受けていることが明白）

⑥百済滅亡後の再興作戦中に斉明天皇が暗殺され、中大兄皇子が天智天皇として即位した

⑦朝鮮半島での白村江の敗戦で、九州の一部が唐に占領される中、「壬申の乱」に勝利した天武天皇が即位した

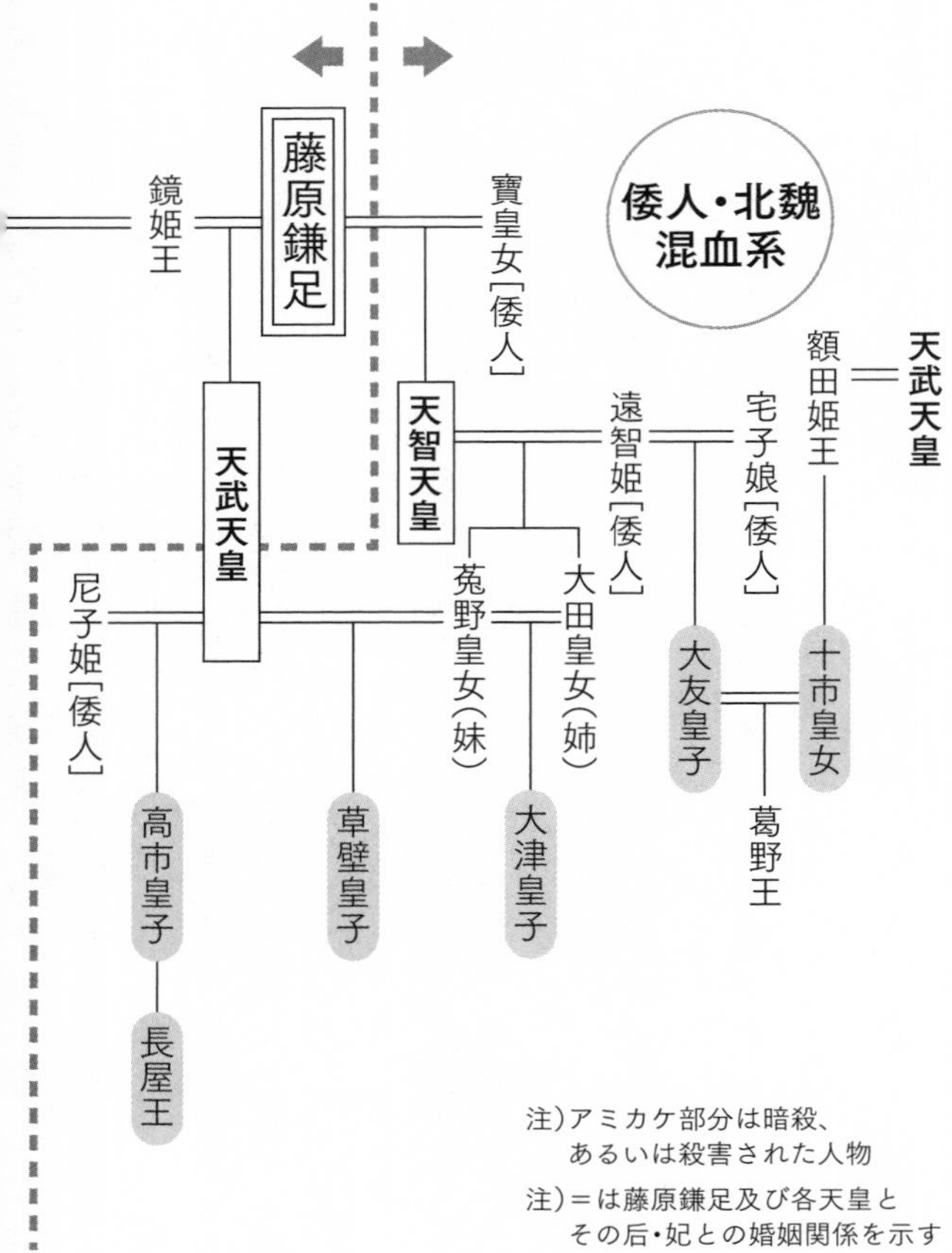

注）アミカケ部分は暗殺、あるいは殺害された人物

注）＝は藤原鎌足及び各天皇とその后・妃との婚姻関係を示す

藤原氏と天皇の関係図
（婚姻関係、親子関係などは著者の研究結果を反映したもの）

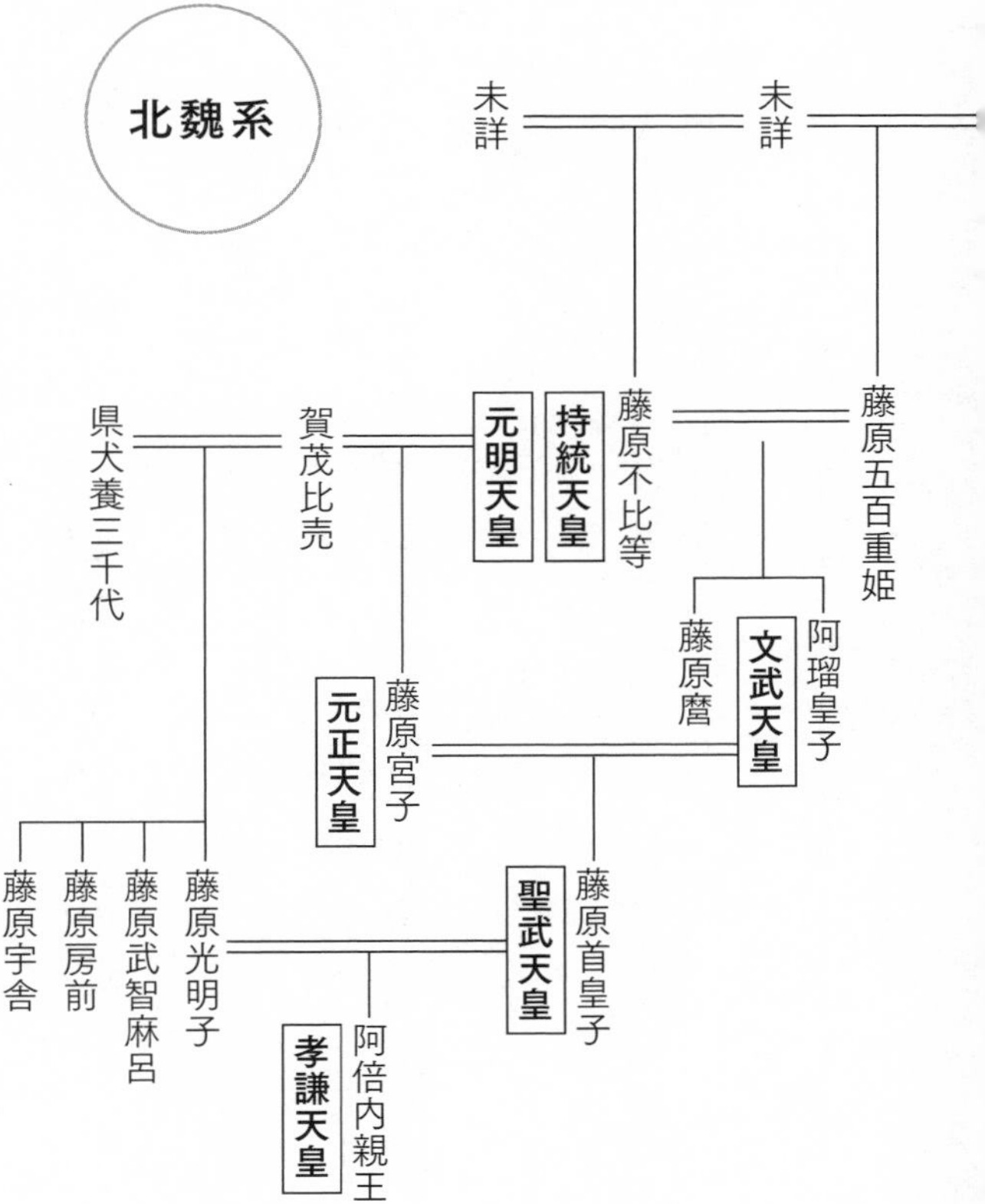

なぜ、鎌足は「鎌子」と書かれているのか

ここまで見てくると、少なくとも舒明天皇から天武天皇の六代の天皇に関しては、藤原鎌足がもはやフィクサーなどという言葉では表現できないスケールの「キングメーカー」だとわかります。

『日本書紀』の孝徳天皇の部分にキングメーカーだと示すこんな記載があります。

「中大兄を皇太子にした。阿倍内麻呂《あべのうちのまろ》臣を左大臣に、蘇我倉山田石川麻呂《そがのくらやまだのいしかわまろ》臣を右大臣にした。大錦冠《だいきんかん》、中臣鎌子《なかとみのかまこ》連を内臣《うちつおみ》とした」

孝徳天皇を支える大幹部3人の任命記事です。注目しなければならないのは、続く中臣鎌子に関する異例の説明文です。

「中臣鎌子連、懐至忠之誠、據宰臣之勢、處官司之上。故、進退廢置計從事立」

あえて原文を示しました。

この意味は、「中臣鎌子が百官の上にあって万事を差配している」という意味ですが、これと全く同じ文章が『魏書』武帝紀にあるのです。

そこでは、「中臣鎌子連」が「伊尹《いいん》」となっています。これがミソです。

「伊尹」とはなんでしょうか。

伊尹は、中国に紀元前1500年頃に存在した商（殷《いん》）王朝で、湯王《とうおう》を補佐した名宰相《さいしょう》と伝わる人です。

湯王亡き後、後を継いだ天子が不肖の子だったので、一時期その天子を廃位し、その素行が改まった後に、復位させたのです。

また、漢の時代には霍光《かくこう》という人がいて、武帝《ぶてい》の孫の昌邑王《しょうゆうおう》・賀《が》の廃立を行なっています。

伊尹、霍光の二人の宰相は、臣下の身でありながら、あえて天子を廃立するという行為を行ないました。しかし、それは天下国家のためでしたので、後世の人は、「伊霍《いかく》の故事」と呼んでその偉業を伝えているのです。

先の『日本書紀』の文章からこの中国の故事に気がつけば、中臣鎌子が天皇の廃立を行なっていたことにも気づく仕掛けだったといえるでしょう。

そうです。**藤原氏は『日本書紀』の編纂に際して、藤原氏がしてきた謀略などを徹底して隠すのですが、それでも自分たちの本当の歴史を子孫に伝えるために、気づきのきっかけを各所にちりばめているのです。**

この場合は、天下国家のために中臣鎌子がそんなことまでしてたんだよ、と知らせていることを示しています。

◉老子、孔子、孟子、そして……

ほかにもそれを匂わせるものがあるでしょうか。

ないわけではありません。「中臣鎌子」という人物がふたり出てきました。蘇我と物部を争わせたときと、藤原鎌足の名前としての2回です。中臣鎌子は藤原氏の系図にもない名前ですから、本質を隠すための偽名なのかもしれません。

この鎌子という名前に何か意味があるのか検討してみます。

「鎌」という漢字はどうみても、草を刈る道具の意味しかありません。しかし、藤原氏は中国・北魏からの渡来氏であることから、名前も中国的視点でみてみると、「鎌子」は、「老子」「孔子」「孟子」などと似ています。

中国式に音で読むのが正解かもしれません。「鎌子」の音読みは「ケンシ」です。そんな呼び方の人が、中国・北魏の歴史に出てくるでしょうか。

一人の有名人がヒットします。

寇謙之《コウケンシ》です。

道教を体系化し、教義・教典・儀礼を定めた人物です。太上老君《たいじょうろうくん》（道教の祖である老子を指す言葉）が天より降り、寇謙之の修行の熱心なことをほめて天師の位を授けたというのですから、道教の世界の超大物だといえます。

442年、北魏の世祖《せいそ》太武帝《たいぶてい》は道壇《どうだん》（高く築いた道教の祭壇）に登って符籙《ふろく》（道士の資格）を寇謙之から授けられました。

世祖はこの新天師道《しんてんしどう》を尊崇《そんすう》し、道教を北魏の国教としたのです。

斉明天皇が、奈良の多武峰に両槻宮という道教寺院を建てたりする、道教信奉の様子がダブって見えるように感じませんか。

どうやら**藤原鎌足の名前の取り扱いを検討した際に、天皇に資格を授ける行為を考慮して寇謙之の「ケンシ」を利用したように見えるのです。**寇謙之が道教の大物であることと、中臣が神祇の家柄という対比もピッタリに感じられるのです。

これら、舒明天皇の皇后をはじめ、その後の五代の天皇はすべて藤原鎌足の家族、親戚であり、いわば実質的な藤原氏の王朝になっています。

そして天武天皇に至って、中国・北魏の宗室が日本の王朝となりました。藤原鎌足の「作」並びに「演出」の一大ドラマだといえるでしょう。

なぜ、『日本書紀』は藤原不比等を語りたがらないのか

『日本書紀』は藤原氏が事実を隠し、作り話を加えている関係で歴史の真実がわかりにくくなっています。

藤原鎌足についてもわからないことが多く、天武天皇については、『古事記』の序文の記述から見て、「壬申の乱」の経緯が改変されて『日本書紀』に記述されているように感じます。

特に藤原不比等に関しては、改変の程度が格段に大きいようです。そして不比等の真実隠蔽《いんぺい》は『続日本紀』の時代にも継続しています。

それほどまでに、藤原不比等の行ないは隠さなければならなかったのでしょうか。

隠されたことの第一は、持統天皇の正体は藤原不比等だと考えられることです。日本史の教科書によれば、持統天皇は天武天皇の皇后だったはずですが、事実は違うようです。

『日本書紀』の持統天皇の記述も、持統天皇の名を不比等と読み替えると納得できることが多々あります。

「壬申の乱」で天武天皇の皇后は横川（伊賀の名張《なばり》川、現名張市）に留まり、その先、つまり美濃の関ヶ原（不破《ふわ》）には行っていません。

しかし、『日本書紀』には、

「(天武天皇の）皇后が、最初から今に至るまで、天皇を助けた。いつもそばにいて、進言し、政治に関しても天皇を補佐することが多かった」

とあるのです。

つまり、皇后と書いてはあるけれど、それは皇后ではないのです。「壬申の乱」のときには、藤原不比等はすでに14歳になっていました。北魏系の純血を引くのは天武天皇と弟の藤原不比等の2人です。常に行動をともにするのも当然でしょう。

◉不比等による「まるで天皇のような詩」

『懐風藻《かいふうそう》』という日本で最初の漢詩集があります。その中に藤原不比等作の漢詩が5編載っています。その中の一つなど、とても天皇でなければ言えない表現が使われています。

正朝観萬國　　正朝　萬國を観る
元日臨兆民　　元日　兆民に臨む
斉政敷玄造　　政を斉へて玄造を敷き
撫機御紫宸　　機を撫して紫宸を御す

これは一部ですが、天皇が詠《よ》む詩だといえるでしょう。
もし、持統天皇が藤原不比等だったとすると、大津皇子の処罰なども不比等のしたことでしょうか。藤原氏は各時代で多くの暗殺、謀殺を繰り返してきました。

不比等も例外ではありません。

5章で改めて検証していきますが、大津皇子は『懐風藻』では天武天皇の長子と書かれ、「龍潜」とも書かれています。すなわち皇太子だったようです。

それが、天武天皇が崩御したとたんに「謀反《むほん》」の罪で刑死させられています。天皇崩御の後の皇太子が誰に謀反するというのでしょうか。明らかなでっち上げでしょう。

天武天皇の弟の藤原不比等が持統天皇になったのに、「皇后がなった」と言っていることに関し、当時の人は事実でないとわかっていたのではないでしょうか。わかっていたと思います。

『懐風藻』の葛野王《かどのおう》の箇所では、葛野王が、

「我が国には神代から決まりがある。天位（天皇の位）というものは子孫が継いでいくものであり、兄弟が継ぐようなことがあればそれは乱れの元である。だから継ぐべきものは明白ではないか」

と言いました。それに対し、弓削王《ゆげのおおきみ》が異論を述べようとしたところ、葛野王がこれをしかりつけて黙らせてしまっています。

表向きの説明と実際とが異なると白状しているように読み取れます。

これらのように、藤原不比等に関する歴史はすさまじすぎて、そのまま『日本書紀』という正史には書けるものではなかったのでしょう。秘密は秘密を呼び、嘘は嘘を必要とし、その結果『日本書紀』は嘘だらけになってしまったのです。

藤原不比等がからむところ、秘密の改ざんの山が現われるのです。

藤原鎌足〈中央上〉と藤原不比等〈左下〉
（「藤原鎌足像」より）

なぜ、「不比等に触れてはならない」と書かれているのか

古代の諸氏の系図類をまとめた『尊卑分脈《そんぴぶんみゃく》』という文書があります。そこには藤原氏の系図ももちろんあり、藤原鎌足や不比等など、銘々《めいめい》に関する記述もあります。藤原不比等については、次の文で始まります。

「内大臣鎌足第二子也、斉明天皇五年生公、有所避事、……」

漢文ですが、あえて引用しました。この部分の意味は、

「内大臣藤原鎌足の次男です。斉明天皇の5年に公を生みました。避けることがあります」

となります。なぜ、「避けることがある」などと書かれているのでしょうか。

そのまま読めば、「ありのままを書けないことがある」ということですが、これまでは無理やり違う読み方、解釈をしている例が多く見られました。それは、

「公《おおやけ》を避ける所の事ありて」などと明らかに無理な解釈をする場合があるのです。

もしそう読むならば、原文は、

「斉明天皇五年生、有公所避事、……」

となっていなければ文法的にヘンでしょう。そしてこの場合の「公」は「おおやけ」ではなく、「淡海公《たんかいこう》」という不比等を指す言葉なのです。

これは、**出生に関して表に出せないことがあるのではなく、藤原不比等そのもの、全体に表に出せないことがあると、わざわざ書いているとみるべきでしょう。**まるで、「これから先に書いてあること

●鎌足傳

氏祖大織冠内大臣一名鎌子者、中臣氏同適、天兒屋根尊廿一世孫、小徳冠中臣御食子卿之長子也、御食子卿娶大徳冠大伴久比子卿之女智仙娘、生内大臣也、大化元年任内大臣、年十三十一天智天皇八年冬十月丙午朔乙卯、内臣病、天皇幸内臣家、親問所患、乃嘆曰云々、若有所須便、可以聞、對曰、臣既不敏、當復何言、但葬事々宜從輕易、生則無益於軍國、死則何煩於朝庭、時賢聞而嘆云、此之一言、不恥往哲大樹將軍之辭賞、詎可同年而語哉、十五日庚申、遣皇太弟於内臣家、授大織冠、即拜大臣職、仍改姓爲藤原、十六日辛酉薨、年五十六、或云七文武天皇二年八月甲子、詔曰、藤原朝臣之姓、宜令其子不比等承之、意美麿等縁供神事、宜復舊姓、云々、

●不比等傳

内大臣鎌足第二子也、一名史、齊明天皇五年生公、有所避事、便養於山科田邊史大隅等家、其以名史也、母車持國子君之女、與志古娘也、公官仕至右大臣正二位、

諸氏の系図類をまとめた古文書『尊卑分脈』不比等についての記述には…

は信用できませんよ」と言っているようなものです。

●ある時から「国営」になった寺

1章に記しましたが、山階寺は、藤原鎌足が乙巳の変で蘇我氏を滅ぼした罪を逃れようと陶原の家に釈迦三尊像を安置したことに始まります。この山階寺は、やがて興福寺となりました。**興福寺は、国費で造営と維持がなされるようになりました。それも藤原不比等が天皇になったという証拠なのかもしれません。**

そして、藤原不比等が死去してからちょうど1年後に、興福寺に八角円堂《はっかくえんどう》が建てられました。聖徳太子のためには法隆寺に「夢殿《ゆめどの》」と呼ばれる八角円堂が建てられています。よく似た取り扱いがされているのです。それだけではなく、その興福寺の八角円堂が建てられたのは、元明天皇の崩御の頃なのです。

元明天皇は実は藤原不比等だ、と強く示唆《しさ》しているとも読み取れます。

このように、藤原不比等の生涯は驚くほど改変されて、『日本書紀』に記述されているようなのです。

なぜ、「藤原不比等」はフヒトなどという不自然な名なのか

藤原氏には、鎌足や道長はじめ、さまざまな名の人物が教科書に出てきます。そんな中の一人、藤原不比等の名を見て奇妙な感じを持ちませんか。

わが子に名前をつけるときに、親は迷ったり、親族や友人などの意見を聞いたり、候補を集めます。そして親である自分の思いを込めてその名前を決めるものです。

「不比等」などと名づけた根拠はどこにあったのでしょうか。

「不比等」ではありませんが、**「史（ふびと）」と名づけたいわれについて、たった一つ、古来の諸家の系譜をまとめた『尊卑分脈』に記載されています。**

謎解きの材料として重要なので、原文を引用します。

「内大臣鎌足第二子也、一名史、斉明天皇五年生公、有所避事、便養於山科田邊史大隅等家、其以名史也、……」

読み解くと、

「田邊史大隅《たなべのふひとおおすみ》という人の山階の家で養われたから、名が史《ふひと》となった」

と書かれています。

ここでいう田邊氏とは、中国からの渡来氏です。藤原鎌足という「裏の天下人」の子供の名前が渡来氏を示す姓だとは奇妙に見えます。

そして、その記載の直前の文章に、前項で挙げた「不比等については触れられないことがある」というただし書きのようなものがあるのです。「この話は嘘だよ」と言っているように聞こえます。

この原文のもう少し前を見てみると、「一名史《いちめいふひと》」ともあります。

「一名」というのは、本名が別にあるということを示しています。

通常は「本名○○、一名□□」と表現するので、この場合は前半部分を隠したように見えます。もし、「史」が本名なら「名史」と表現されるからです。

◉藤原氏の「耳」？

では、「不比等」の本名を探す手掛かりはどこにあるのでしょうか。3章で踏み込んでいきますが、ヒントは『万葉集』の第一首の内容が、「柿本人麻呂が、藤原不比等の家も名も言ってやろうじゃないか」というところにありそうです。

『万葉集』の中に隠されている不比等の本名を探していくと、『万葉集』の歌番230の「…志貴親王薨時作歌…」の中にある「耳師《じし》」と明かされています。

また、『百人一首』にも採用された持統天皇の歌、「はるすぎて　なつきにけらし……」の歌にも含まれています。その部分の原文は、

「春過而　夏来良之……」

ですが、最初の3文字、「春過而」を音読みすると「トウカジ」となります。別の漢字に入れ替えれば、「藤家耳」、つまり藤原氏の「耳」となります。

もう一つ、例を挙げましょう。『百人一首』の第四番の山辺赤人《やまべのあかひと》の歌です。元歌は『万葉集』第三巻にある有名な富士山の歌、「天地の別れし時ゆ　神さびて」で始まる長歌《ちょうか》に付随する反歌《はんか》です。

「たごのうらに　打ち出でてみれば　白妙の……」ですが、字母の漢字に変換して漢詩のように並べてみると、次のようになります。

田子能宇良仁宇
知出天見礼盤白
妙乃不之乃堂可
年耳由希波布利
川丶

傍線部分に注目してみると、「布仁波良耳子《ふじわらのじし》」、**すなわち「藤原耳子」という名前が出てきます。「耳」とは道教の祖である老子の名前でもあります。**これからも藤原氏が何者であったのかを示す名前だと見て取れるのです。

なぜ、「一名フヒト」と書かれているのだろうか

藤原不比等が「一名フヒト」となぜ呼ばれたか——これは、藤原氏の謎を解いていく中でも最難関といえるでしょう。なぜなら『日本書紀』の記述をそのまま読むのでは解決が困難だからです。その困難さのイメージはそそり立つ絶壁がオーバーハングしているくらいと感じるほどで、別のルートからの攻略も図る必要がありそうです。

2つのルートが考えられます。

【ルート①】

『日本書紀』に藤原鎌足の子として名前が出てくるのは、4人います。

寶皇女との間のハーフである天智天皇（中大兄皇子、626年生）。

鏡姫王との間の子である天武天皇（621年生ただし諸説あり）と、母不詳の藤原不比等（659年生）。

そしてもう一人、孝徳天皇が提供した車持《くるまもち》夫人との子供の定慧《じょうえ》（643年生）です。


【ルート②】

藤原不比等は実は鎌足の子ではなく、天智天皇の落胤《らくいん》であるとの説があります。『公卿補任《くぎょうぶにん》』の不比等の項には、「実は天智天皇の皇子とか、内大臣大織冠鎌足の二男で一名を史といい、母は車持国子君の女、与志古娘也、すなわち車持夫人」とあります。

また、**『大鏡《おおかがみ》』では、天智天皇が妊娠中の女御《にょうご》を鎌足に下げ渡す際、「生まれた子が男ならばそなたの子とし、女ならば朕《ちん》のものとする」と誓約の言葉を言ったという伝説を伝えています。**『今昔物語』にも同様の話が載っています。

「ルート②」の場合だと、藤原鎌足と天智天皇（中大兄皇子）の関係性に大きな矛盾が出てきて、歴史の流れが崩壊してしまいます。

「乙巳の変」の蘇我入鹿暗殺の場面では、中大兄皇子（天智天皇）が戦うのを藤原鎌足が背後で見守るとなっていますが、鎌足が家来なのであればそうはならないはずです。

また、『藤氏家伝《とうしかでん》』にある藤原鎌足の死去に際して天智天皇が贈った恩詔《おんしょう》などが、天智天皇が敬愛する親に対してと思われる文書を書いているという点から説明不能に陥ります。

したがって、『公卿補任』に書かれていることは、藤原氏の秘密を隠そうとして作り上げた「フェイクストーリー」だと思われるのです。

◉天皇が臣下にわが妻を与える、とは

しかし、この話で思い浮かぶのは、同様の話が孝徳天皇と藤原鎌足との間に存在することです（『多武峯縁起《とうのみねえんぎ》』）。

藤原鎌足が孝徳天皇を擁立してから、鎌足が天皇を訪ねていくたびに、天皇は

愛妾《あいしょう》の車持夫人を鎌足に提供していましたが、やがて譲ることにしました。

その時、車持夫人は妊娠しており、そこで生まれた子が男だったら鎌足の子、女だったら孝徳天皇の子にすると定めました。生まれたのは男だったので鎌足の子になり、これが定慧だという話です。

『日本書紀』にも孝徳天皇が即位後、藤原鎌足がよく孝徳天皇を訪ね、その時に天皇は自分の寵愛《ちょうあい》する車持夫人を藤原鎌足に提供していたという記述があります。

天皇が訪ねてきたから臣下が女性を提供したというならわからないではありませんが、この場合は反対です。これは自分を天皇にしてもらったお礼の気持ち、行為であろうとしか考えられません。

そして中国に、この話のモデルのようなものがあるのです。

主人公が呂不韋《りょふい》という中国の話をかいつまむとこうなっています。


呂不韋は、中国の戦国時代の頃、趙《ちょう》に人質として差し出されていた秦の公子《こうし》、異人《いじん》を見て、「これ奇貨なり、居《お》くべし」と言って異人を秦王にしようと思った。

秦の安国君《あんこくくん》の寵姫、華陽《かよう》夫人に子がないので異人を養子とさせ、やがて安国君の世子《せいし》にさせることに成功した。

子楚《しそ》と名を変えた異人は呂不韋が寵愛していた趙姫《ちょうき》を譲ってほしいと言い出したので譲ったが、その時にはすでに呂不韋の子を身ごもっていた。その子が後の秦の始皇帝《しこうてい》になる政《せい》なのだ……。


どうでしょうか。

誰の愛妾だったかなど、藤原鎌足の場合と差異がありますが、皇帝一族ではないにもかかわらず、策をめぐらし、自分の子を皇帝にするとの骨格部分は共通しています。

そして、**登場人物の一人が「異人」という名前なのです。どこか「不人」に通じる名前に感じませんか。**特別に才能がある人物だったからそういうニックネームのようなものがつけられたのかもしれませんが、「不比等」という名前の由来を説明するための作為のようにも見えるのです。

なぜ、藤原氏は当時、「とうげん」と呼ばれていたのか

私たちは藤原氏を「フジワラ氏」と読んでいて何の不思議も感じません。でも、藤原氏が中国からの渡来氏だとわかってくれれば、音読みの「トウゲン」が本当の名前だったのではないかとの疑問も出てきます。

実際はどうだったのでしょうか。

『日本書紀』の中にはもちろんありません。でも、中国の史書にその記述が出てきます。『宋史　日本傳《にほんでん》』に驚くべき記述があります。

「次は桓武天皇、騰元葛野《とうげんかどの》と空海大師及び延暦寺の僧澄とを遣わして入唐し……」

というものです。ここの「騰元葛野」は「藤原葛野麻呂《ふじわらのかどのまろ》」のことを示しています。

この時の遣唐使については、『日本紀略《にほんきりやく》』桓武天皇の延暦20年（801）に、

「従四位下藤原葛野を遣唐大使と為し、従五位下石川道益を副使と為す」

とあるのです。

〈騰元＝藤原＝「とうげん」〉の関係を示す明瞭な証拠です。

「トウゲン」の呼び方が利用された例はあるでしょうか。

『藤氏家伝』という藤原氏の内部文書的なものに、藤原鎌足の出生の話が載っています。そこには、

「推古天皇34年（626）に大和国高市郡の『藤原第《ふじわらだい》』（藤原の屋敷）で生まれました」

とあり、天智天皇から藤原姓を下賜《かし》されるより前に、「藤原」をすでに使っていたことになります。

また、天武天皇が造ろうとしたのは藤原宮《ふじわらきゅう》でした。これは地名ではない命名がされた最初の宮です。それまで天皇が代わるごとに宮を新たにしていたのですが、天武天皇が造ろうとした藤原宮はその後、複数の天皇が使っているのです。

「未来永劫《えいごう》続く藤原氏の都を造る！」

それが藤原氏の皇統を作り上げた天武天皇の強い願い、藤原鎌足から託された、拓跋氏の夢だったのだと思われます。

◉鎌足の住まいは「陶原館」と呼ばれていた

まだあります。興福寺というどなたもご存じの有名な寺です。

この興福寺は飛鳥の厩坂寺《うまやさかでら》が前身で、平城京への遷都に伴って移された寺で、藤原氏の「氏寺《うじでら》」と称されます。なにしろ、前述したように興福寺の建立には国家予算がつぎ込まれたほどですから。

その厩坂寺には、さらにその前身となる寺がありました。それが山階寺です。山階寺は、中臣鎌足の山科の邸宅、陶原館に、妻の鏡姫王によって創建された寺です。その藤原鎌足の屋敷の名が陶原館、陶原を音読みすれば「トウゲン」です。続々と「トウゲン」の言い方が藤原鎌足がらみで見つかってきます。

さらに、「桃原」という地名があります。「トウゲン」と読めます。藤原氏の聖域ともいうべき談山神社への登り口、石舞台古墳のすぐ西側に桃原の里があったと思われます。

藤原、陶原、桃原、それらすべての音は「トウゲン」で同じです。そして、唐で藤原葛野麻呂は「騰元」と名乗っていました。どうやら藤原氏は本当は騰元氏だったと思われるのです。

では、「騰元」の意味は何なのでしょうか？

元は中国・北魏の皇帝の漢風の姓でした。そして藤原氏は北魏皇統の宗室でした。「我こそは北魏皇帝の嫡流」との意識が強かったと思われます。そこで「上がる」を意味する「騰」の字をつけて騰元を姓にしたのだと考えられるのです。

なぜ、「へんてこな亀」が『日本書紀』に出てくるのか

即位して天智天皇となった中大兄皇子は、天智天皇10年（671）1月5日、後継者とされていた皇太兄《こうたいけい》・大海人皇子を差し置いて、自分の子である大友皇子を太政大臣にしました。

これは『日本書紀』では「皇太弟《こうたいてい》」としている、すでに決まっていた大海人皇子ではなく、自分の子に皇位を継承させるとの意思表示です。

わが子を天皇にしたい天智天皇は邪魔な存在の自分を排除（殺害）するに違いないと察知した大海人皇子は、天智天皇に、

「私は天皇になるつもりなどありません。今すぐ出家《しゅつけ》したいと思います」

と告げました。

そして、髭《ひげ》と髪を剃り、天智天皇が用意した袈裟《けさ》を着て吉野に籠《こ》もりました。

「出家」とは世俗を捨て、家庭生活を捨て、仏教の修行をすることです。そうして仏門に入ることで、天智天皇に疑われぬようにしたのです。

ですが、大海人皇子はなんとその時に后を帯同していました。それでは本当に出家して僧になる気持ちなどないことは歴然の、まるで見せかけだけ、言い換えれば、天智天皇をだますための出家であると公言しているのと同じでしょう。

同年12月3日に、天智天皇が47歳で突然崩御します。しかし、その実態は「行方不明」だったようです。ときの天皇が突然行方不明になったら、大騒ぎになるはずでしょう。遺骸《いがい》も見つからず、大騒ぎのうちに月日が過ぎていきます。

大友皇子を太政大臣にしてからわずか1年足らずで、病気でもない天智天皇が行方不明とは、謀略の匂いがプンプンです。

翌天武天皇元年（６７２）６月24日に、大海人皇子は出家していた吉野を出て名張に向かい、大友皇子側を滅ぼすために大規模な軍事行動を取ります。

これらの流れを見れば、**大海人皇子側が周到な準備をして天智天皇体制を滅亡させようとしていたことがわかります。**

天智天皇を天皇の座から追い落とし、後継者の大友皇子側が攻撃態勢を構築する間を与えなかったのではないでしょうか。

●未来を暗示する一文

『日本書紀』には道教的な、予言めいた兆候が書かれています。

たとえば、天智天皇崩御の前に「へんてこな亀」が見つかったというのです。「その背には『申《さる》』という文字があり、上黄下玄《じょうこうかげん》だった」と『日本書紀』にあります。

これはどういう意味なのでしょうか。

道教的に解釈すると次のようになります。

「申」という文字は「日を一本の棒が刺し貫く」形なので、暗示しているのは天皇を倒すことに違いないでしょう。また、「申」は申の年、すなわち壬申という乱の時期を指してもいるようです。そして、「上黄下玄」とは、本来は「天は黒で地は黄色」との正しい色分けの反対になっていますので、天地がひっくり返る、すなわち天智天皇の世が崩壊する——。そしてこの兆候が出たのは天の意思でそれが行なわれるとの、革命の正当化を意図しているようです。

もう一つ、未来暗示型の童謡《わざうた》があります。

童謡と書いても、現代でいう子供が歌う「童謡」のことではありません。

この「わざうた」といわれるものは『日本書紀』の皇極、斉明、天智天皇の三代にだけに存在する歌で、さかのぼれば中国の史書の中にも見られるものです。

「古代王権の授受に関した事件に符合するような示唆、暗示に富んだ歌」と説明されています。

「壬申の乱」の前に流行った「童謡」の一つを紹介しましょう。

「臣の子の　八重の紐《ひも》解く　一重だに　いまだ解かねば　御子の紐解く」

（まだ八重の紐の一重しか解いていないのに、こちらの皇子はすでに全部解いてしまった）

その意味は、

「大友皇子がまだ戦の準備を始めたところなのに、大海人皇子のほうは準備を終えているのだ」

となります。

「壬申の乱」の実像が、この童謡に隠し込まれているとみていいように思えます。

童謡で明らかなように、大海人皇子は天智天皇と大友皇子を滅ぼすべく、密《ひそ》かに準備を進めていたのです。

疑っている天智天皇が監視していないわけがない状況下、**常識的には女連れで出家などするわけがありません。**

ひょっとすると、帯同したのは后ではなくて藤原不比等のことだったのかもしれません。

『日本書紀』が「壬申の乱」あたりから、藤原不比等のことを大海人皇子（天武天皇）の皇后に置き換えて記載している疑いが濃厚だからです。

コラム　不比等の恋

藤原不比等といえば、大津皇子、草壁皇子をはじめ、多くを暗殺しただけでなく、自らが持統天皇であり、元明天皇であったことを正史の『日本書紀』、『続日本紀』で隠してしまった恐ろしい人物です。なにしろ不比等の死後に、夫人が法華滅罪寺という名の寺を建てたくらい、悪事を行なった人なのです。

しかし、それは藤原一族の夢をかなえるためのものでした。私欲はなかったようですし、それは自分の墓も残さなかったことにも表われています。

では、その人となりはどうだったのか、興味がわきます。

『藤氏家伝』には「不比等」という章があるのですが、内容がすべて削除されてしまっています。見落としがちですが、実は、世にも不思議なことが『日本書紀』に書いてあります。持統天皇６年（６９２）８月に、不比等は病気だった明《あ》日《す》香皇女《かのひめみこ》を訪ねています。そして、２年後の８月には、彼女の病気平癒祈願のために１０４人を出家させています。文武天皇４年（７００）４月には、亡くなった明日香皇女の葬儀に金品を送っています。

そのような行為は不比等の記録の中に、たったの一回しかないのです。よほど特別な関係だったように見えてきます。そして、正史である『日本書紀』『続日本紀』にその話が残っているとは、不比等があえて書き残させたとしか思えません。

この明日香皇女とは天智天皇の娘です。

不比等は「壬申の乱」のときは14歳でした。それまでは大津宮《おおつのみや》にいたと思われます。そして明日香皇女も大津宮という同じところにいたのではないでしょうか。

私はその関係を少年少女時代の恋だったのだと考えています。

しかし、「壬申の乱」では敵味方の関係になり、二人は近づくことができない宿命でした。これって、心、いや命が燃えてしまうようなセッティングですね。

『万葉集』の歌番196に、不比等の片想いの様子が詠み込まれています。

「朝鳥のように行きつ戻りつを繰り返し、夏草のように思い、萎《しお》れ、あちらに行くかと思えばこちらに行き、大船のように思いが揺れ、悩み、心はそこにはない。その思いは彼女のうわさを聞くたびに、名前を耳にするたびに心に生じ続けた」と。人間・藤原不比等がそこに見えてくるようです。『不比等の恋』という名のドラマにしてみたくなります。

3

「詠まれた歌」が隠し持つ謎

中央の三輪山から左の龍王山、
右の巻向山へ、大きな鳥が翼を……

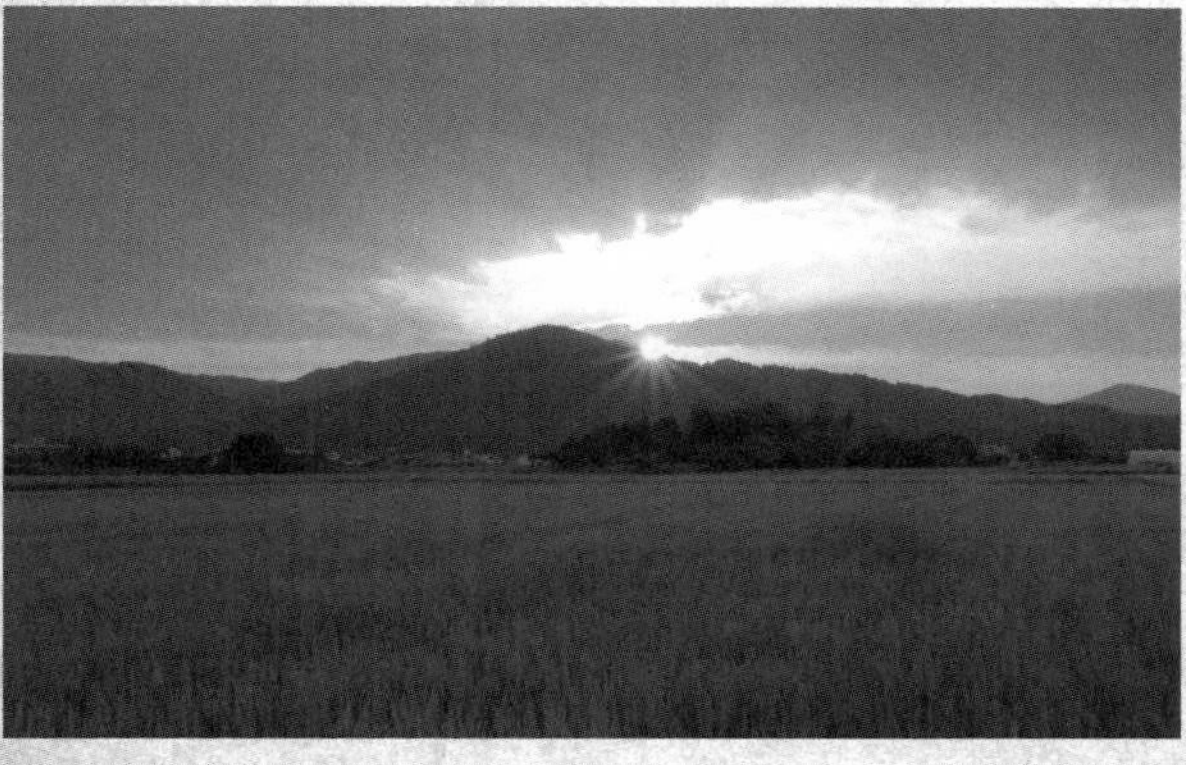

なぜ、『万葉集』はこのタイミングで作られたのか

ここから、藤原氏のさまざまな謎を解くカギの一つとして、『万葉集』の存在に迫っていきます。

『万葉集』はいったい、いつ作られたのでしょうか？

それがはっきりしないらしいのです。しかし、全20巻のうちの第1巻と第2巻だけは別に作られた『原万葉集《げんまんようしゅう》』と呼んだほうがよいような独立した歌集になっています。

それがいつかはわかります。詞書《ことばがき》や標目《ひょうもく》の中に、「太上天皇が」といった言葉が出てくるからです。太上天皇とは「先代の天皇」ということですから、編纂時の天皇が見えてきます。

元明天皇です。墓碑に「平城宮馭宇八州太上天皇」と書かせた天皇です。その

表現からは「ならの天皇」とも理解できます。

平城京を造り、遷都したのが元明天皇ですから、元明天皇こそ「ならの天皇」と呼ばれるのにふさわしいでしょう。すると、『古事記』『日本書紀』と一緒に、『万葉集』も元明天皇の時に作られたということになります。

それでは第1巻と第2巻の『原万葉集』と思われる部分の全234首を見てみましょう。まず驚くのは、234首のうちの91％が斉明、天智、天武、持統の4天皇の時代に集中していることです。

中でも、全体の67％の歌が持統天皇の時代に集中するという異常さを見せています。これから、「古来の和歌のうちの名歌を集めて」という趣旨ではなく、何か特別の目的があったことが明らかだと思えます。

年代的な偏りが著しいこと以外にも見て取れる偏りがあります。

詠み手が偏っていることです。

作者が天皇と皇族で全体の50％を占めています。その他の渡来人が6％います。そして柿本人麻呂が一人で16％も占めているのです。

もう一点、際立った特徴があります。

それは『万葉集』はもともと全部漢字で表記されているということです。

現代、私たちが目にする『万葉集』というのは後世、だいたい江戸時代以降に、たとえば本居宣長《もとおりのりなが》や賀茂真淵《かものまぶち》らによって提案された「ヨミ」で書いたものではないでしょうか。『古事記』や『日本書紀』の中の歌のように、単に漢字を表音文字として使っているのではなく、漢字を音で読んだり訓読《くんよ》みしたり、「未（いまだ～せず）」「不存（あらず）」「将有（あらん）」といった漢文表現があったり、漢語の熟語も使われています。

これでは普通の日本人には読めません。元明天皇の時代の日本人にも読みこなすのは困難だったと思われます。その複雑な、訓も使っての歌では、中国からの渡来人にはもっと読むのが困難だったでしょう。

◉『万葉集』も「歴史の嘘」のための道具だった

この読みこなすことすら難しい歌を、作ることができたのは誰でしょうか。

できるとすれば、日本人であり、知識階級で、和歌が詠めて、漢文も使いこなせる、そんな人物以外は考えられないでしょう。

その条件に見合う人物が一人だけいます、『万葉集』の作者の中に。

柿本人麻呂です。全体の16％も自分の名前で歌を載せているだけでなく、妻の死や自分自身の死などについての歌まで含んでいます。

「天皇や皇族の歌も、渡来人の歌も全部、俺が詠んだ歌だよ」との柿本人麻呂の声が聞こえてきそうではありませんか。

ということは、『万葉集』も藤原氏による歴史改ざんの一環として作られたと考えてみたらどうでしょう。

藤原氏が、この場合は藤原不比等でしょうが、日本語の能力が十分で和歌も詠めると、後世の人に思い込ませるために『原万葉集』を作った・作らせたと思われるのです。

『万葉集』は、自分たちがもともと日本にいたわけではない、という実態を隠すための「証拠づくり」——藤原氏の壮大な嘘の一つなのです。

なぜ、歌聖の柿本人麻呂が『日本書紀』に出てこないのか

『万葉集』を作った柿本人麻呂は「歌聖《かせい》」と呼ばれています。歌聖とは「和歌の神様」といった意味で、平安時代から鎌倉時代にかけて、和歌を詠む人たちにとっては、拝むような対象だったようです。

柿本人麻呂の絵を掛けて、そこに供え物をする「人麻呂影供《えいぐ》」と呼ばれる歌人の会すら催されていたといわれています。

後の平安時代の勅撰《ちよくせん》歌集である『古今和歌集』の序文は、和文と漢文の2種類があるのですが、その和文のほう（仮名序《かなじよ》といいます）に、この歌集の選者の一人であり、『土佐日記』でも知られる紀貫之《きのつらゆき》が次のように書いています。

「正三位柿本人麻呂なむ歌の聖なりける」（正三位《しようさんみ》の柿本人麻呂という人が歌の

聖でした）

柿本人麻呂は教科書に出てくるような、歌を詠む「歌聖」としての存在だけでなく、正三位という高い位の人だったことがわかります。

「正三位」とは、どのくらい高い位なのでしょうか。

位階というのは、高いほうから順に正一位、従一位、正二位、従二位、正三位、従三位という具合につけられた階級のようなものです。

現代日本でいう、総理大臣や各大臣、次官などの要職を、昔の中国では「三公九卿」と呼びました。それに相当する三位以上の者を日本では「公卿」と呼んでいました。

柿本人麻呂はそんなに偉い人でもあったのです。三位以上の公卿は通常、太政大臣、摂政、関白、左大臣、右大臣、内大臣、大納言《だいなごん》、中納言、参議などの役職に就《つ》いたトップエリートなのです。

また、『公卿補任』という文書が作られていました。そこには三位以上の人の名前が記され、各人の名の下には、生没年、昇叙《しょうじょ》・任官などの事歴が付記されていました。履歴書の役職歴に近いものといえばわかりやすいでしょうか。

それなら、柿本人麻呂の役職歴も『公卿補任』を見ればわかるはずです。しかし、これが残念ながらわからないのです。

ヘンじゃないでしょうか。ヘンです。言葉を替えれば「異常」です。『公卿補任』の中に柿本人麻呂の名が存在しないのです。

では、特別な理由があって記録されなかったのでしょうか。そのように思われます。**現実に『日本書紀』にも柿本人麻呂という名は全く出てこないのです。**

なぜ、こうなっているのでしょうか。2つのケースが考えられます。

①柿本人麻呂という人が大罪を犯したため、正三位という高位にあったが、その記録を完全に抹消した

②『万葉集』（巻1と巻2でいったん完成）を編纂し、ほとんど（ひょっとしたらすべて）の歌を詠んだ柿本人麻呂を藤原氏は歴史に残したくなかった

『古今和歌集』の仮名序を書いた紀貫之だけでなく、奈良時代と平安時代の識者たちには、柿本人麻呂が誰かが広く知られていたのだと思われます。そして正三位と聞けば、誰しもが特定の人物を思い浮かべるほど有名な人だったのでしょう。

◉「柿本人麻呂」はペンネームだった!?

その柿本人麻呂がなぜ、公的記録から消されたのか。**そこには「柿本人麻呂」という名に謎を解くカギが隠されているように見て取れます。**

正三位という公卿の身分の柿本人麻呂の名前が『日本書紀』に全く出現しないにもかかわらず、『万葉集』の編纂者として、多くの歌を詠んだ歌人として、また、歌聖ともいわれる名声からして、さぞや名のある人物のペンネームであろうと思われます。

この柿本人麻呂という名前こそ、日本における最初のペンネームだったのだと考えられるのです。

あなたが自分の「ペンネーム」を作るとなれば、どんなネームにするでしょうか。あれこれ考えるでしょう。今流なら、ＳＮＳの「ハンドルネーム」「ユーザーネーム」というところです。

ペンネームというのは単なる思いつきではなく、その時々の状況の中で熟考の上で決められるのではないでしょうか。

私のペンネーム「園田豪」だって命名の理由はあります。それは何か？　ぜひ推理してみてください。

柿本人麻呂のペンネームの謎を解くカギは、最初の文字「柹」にあります。「柿」は果物の柿のことでしょう、と答えが返ってきそうです。しかし、「柹は柿ではない」のです。

「何をわけのわからないことを言っているのか」と叱られそうです。

漢字は偏《へん》が意味を示し、旁《つくり》が音を示すと聞いたことがあるでしょう。しかし、「柿」の音は「シ」ですが、同じ旁で似た字の「肺」の音は「ハイ」です。旁が似ていて音が違う理由は、本当は「柿」の字の旁は異なり、果樹の「カキ」は「柹」と書くからです。

では、柿は別に意味を持っているはずです。それは、「木の削りかす、薄い板、こけら」のことでした。古代には紙がなく、木簡《もっかん》という木を削ったものに墨で書いていたと聞いたことがあるでしょう。

そこで「柿本」は、薄く木を削ったものを本にしたとの意味になるのではないでしょうか。『万葉集』の萬葉《まんよう》（多くの葉）に通じていることにびっくりします。

では、柿本人麻呂はどんな人物だったのでしょうか。

それを探るための材料は『万葉集』しかありません。

『万葉集』は漢字一文字で一音を表わす「万葉仮名《がな》」で書いてあると思われていますが違います。

一つだけ例を示します。119番の歌です。

芳野河　逝瀬之早見　須臾毛　不通事無　有巨勢濃香問

こう書かれているものを、

「よしのがわ　ゆくせのはやみ　しましくも　よどむことなく　ありこせぬかも」

このように後世の人が読む提案をし、それが定着しているのです。

音だけでなく訓も、漢語、たとえば「須臾《しゆゆ》」を使ったり、さらには「不通事」を「よどむこと」と読ませるなど、相当に漢文や漢語にくわしい人が歌を詠んでいることがわかります。

ここからも柿本人麻呂は、相当学識のある、それなりの地位にあった人だと想像できるのです。

では、そんな高位の学識者で、何かの事件の後、歴史から姿を消した人物がいるでしょうか。いたら、その人が柿本人麻呂の正体だと思われます。次の項で探しに行きましょう。

なぜ、『万葉集』の冒頭歌が「籠もよ…」（雄略天皇）なのか

歌集の最初の歌は特別な意味を持つものです。『萬葉集（1）』（日本古典文学全集、小学館）の冒頭解説では巻頭首が雄略天皇作と記述されながら、自敬表現などから雄略天皇作ではないとかねてから指摘されてきたと記されています。最初の歌の作者に疑問があるところからも、深い意味が隠されているとみて間違いないと思われます。本書では史料の原文を示してきませんでしたが、難しい字が並ぶところをあえてこの歌だけは示す必要があります。

籠毛與　美籠母乳　布久思毛與　美夫君志持　此岳尓　菜採須兒　家告閑名
名告紗根　虚見津　山跡乃國者　押奈戸手　吾許曽居　師吉名倍手　吾己曽座
我許背齒　告目　家呼毛名雄母

『萬葉集（1）』（日本古典文学全集、小学館）の現代語訳は次のものです。

「籠《かご》も　良い籠を持ち　ふくしも　良いふくしを持ち　この岡で　菜をお摘みの
娘さんよ　家を聞きたい　名のっておくれ　（そらみつ）この大和は　ことごと
く　わたしが統《す》べている国だ　すみずみまで　わたしが治めている国だ　わたし
こそ　告げよう　家も名前も」

春の岡に若菜を摘む娘たちがいて、そこに……という、まるでフォークソング
のような世界を歌にしたのですね、という感想が聞こえてきそうです。

しかし、歌集にとって意味深い冒頭が、そんなメルヘンチックなものなのでし
ょうか。この訳は誤訳だと思えます。

改めて検討してみます。まずは「岡」に注目してみましょう。若菜を摘むのな
ら、切り立った崖《がけ》などということはあり得ません。

ちらっと原文を見てください。そこには「岡」の字はなく、「岳」となってい
ます。「岳」は山の壮大なものを指す字です。その「岳」がつく山は大和国には

たったの二つしかありません。額井岳《ぬかいだけ》と龍門岳です。**龍門岳は藤原氏の秘密基地である「龍門寺」があった山です。**その龍門寺があったところの龍門の滝を形成している川が何と「岳川」なのです。

この龍門寺あたりがこの歌の舞台になっていることがわかります。

次に、「菜採須兒」を見てみます。

「兒《こ》」の意味は、「小兒、子供、童《わらべ》」と「若者、男子」です。そして「採」は「とる」という意味で「摘む」ではありません。だから「大三輪朝臣高市麻呂《おおみわあそんのたけちまろ》」という名も奪ってしまった男（不比等）よ」という意味を持つのではないかと思われます。

ほかにも意味の取り違いがあります。

「虚見津」です。「そらみつ」は大和、倭などにかかる枕詞《まくらことば》であるといわれますがその語義もかかり方も不詳《ふしょう》です。かかり方が不詳なのに「かかり言葉」と決めてかかっていいのでしょうか。

「虚《そら》」は漢字そのものに「嘘《うそ》」という意味があります。「虚言《そらごと》」との熟語が思い出されます。「絵空事《えそらごと》」という言葉もあります。私の出身地の静岡では、嘘をつくことを「ソラをつかう」と言ったりします。

ですから、**「虚見津」は「嘘が満ちている」ということで、「嘘だらけの大和国」といっていると思われます。**

もう一つ、「我」と「吾」という文字は意味や用法が異なるのですが、先の現代語訳ではすべてが「我」になってしまっています。

◉そこに込めた人麻呂のメッセージ

では、これらの事実や読み方をふまえると、この歌はどのような解釈になるのでしょうか。

この歌は3つの場面に分かれています。結論の現代語訳だけを示します。

〈場面①〉

立派な牢と見事な隠し寺を持ち、龍門岳（龍門寺）で我が名を奪い取った男よ。出自を言ってみよ、名を言ってみよ。

〈場面②〉
（嘘が満ちあふれた）この大和の国のそのすべて、その隅々までを治め、支配しているのはワシなのだ。

〈場面③〉
（そういうだけで名乗らぬのか。身を隠しているのか。それならば）この柿本人麻呂、すなわち大三輪朝臣高市麻呂がお前の出自も名前も明かしてやろうではないか。

これは、**柿本人麻呂の叫びだと解釈することができるのではないでしょうか。叫んだ相手は藤原不比等です。**『万葉集』は文学作品のようですが、その中に古代史の秘密、特に藤原不比等にまつわる秘密が数多く隠し込まれているのです。

なぜ、重臣の記録がごっそりと『日本書紀』から消えたのか

歌聖であり、トップエリートであったのに記録から消された柿本人麻呂の正体とは何だったのでしょうか。

古代の日本は、天皇を大連、大臣が補佐するトロイカ方式に似た政治スタイルで治められていました。

ところが、仏教導入問題を利用した藤原氏が、物部大連と蘇我大臣との対立を誘導し、物部氏を滅亡させます。

そして、次に「乙巳の変」での蘇我入鹿の暗殺により、結果的に蘇我氏をも滅ぼしました。

大連、大臣を失った天皇は弱体化し、藤原氏の専制政治になりました。

物部、蘇我という大氏族の滅亡により、もともと日本にいた氏族のトップは大《おお》

三輪《みわ》氏になりました。

柿本人麻呂の活躍の時代は、大三輪朝臣高市麻呂に重なります。この人は、「壬申の乱」のとき、大海人皇子側に立ち、大和での戦などで功績をあげました。

先に取り上げた『公卿補任』の持統天皇の箇所には、「中納言　直大二　大神高市麿朝臣」とあり、続いて「年月日任中納言。六年（６９２）三月天皇幸伊勢阿胡宮。高市麿朝臣上表奉諫」と注記がついています。

この注記にある持統天皇の伊勢行幸と、それを止めようとした中納言・大三輪朝臣高市麻呂の大事件は『日本書紀』に載っています。

伊勢神宮に天皇が参拝することが、それほどの大事件なのでしょうか。

先代の天武天皇の時からは、右大臣も左大臣も置かない天皇の専制政治になっていました。巨大な権力を握った持統天皇が決めた方針に逆らうなど、例のなかったことなのです。

なぜ、持統天皇が伊勢に行幸するというのに反対する理由があるのでしょうか。

大三輪朝臣高市麻呂は、行幸のために参道を付け替えることを「農事の妨《さまた》げになるから」と反対をしていますが、そんなことが理由になるわけがありません。**古くから日本にいた在地氏族の筆頭として、また、三輪大社《みわたいしゃ》の社家《しゃけ》として、伊勢神宮を改修することなど、許せなかったのでしょう。**

しかも、大三輪朝臣高市麻呂は、ただ反対を唱えるのではなく、自分の冠《かんむり》を脱いで捧げ持って持統天皇に近づいたのです。つまり、中納言の地位を投げうつ覚悟で反抗したことなのです。

◉権力者に逆らった結果の「空白の10年」

そんなことをして大丈夫なのでしょうか。

大丈夫なわけがありませんでした。事実、それ以来、大三輪朝臣高市麻呂は『日本書紀』の世界から消えてしまいます。

そして空白の10年が過ぎた大宝2年（702）に従四位上で長門守《ながとのかみ》となり、大宝3年（703）に左京大夫《さきょうのだいぶ》になり、慶雲3年（706）に左京大夫従四位上を極官《ごっかん》（その人の一番上の官位）として卒去《しゅつきょ》（死去）、従三位を送られた、と『続日本紀』にあります。

しかし、『公卿補任』では文武天皇四年（700）に中納言で、初めて従三位に叙《じょ》せられたとあります。

つまり、『続日本紀』と『公卿補任』の記述が合致しないのです。記録を後で改ざんしたことを反映しているように見えます。

この大三輪朝臣高市麻呂は識者だったのでしょうか。

淡海三船《おうみのみふね》という、「壬申の乱」で負けた大友皇子の曽孫に当たる人が、日本最古の漢詩集『懐風藻』を編纂しました。

その序文に、日本の漢詩などの歴史がまとめられています。

そして漢詩の双璧として、藤太政《とうだじょう》（藤原不比等）と神納言《じんなごん》（大三輪朝臣高市麻呂）が挙げられています。ほかの場所では、神納言ではなく「朝市」とも表記されています。

市は一（イチ）であり、イチはヒトツに通じるので、柿本人麻呂の「人」を使ったのではないかと想像されます。

「いろはかるた」――柿本人麻呂の「呪詛の言葉」

藤原万里（麻呂）が大三輪朝臣高市麻呂の屋敷を訪ねた時の漢詩が『懐風藻』にありますが、門まで傾いた荒れ果てた様子が詠まれています。

それらの描写を見ても、その後に長門守になったり、左京大夫になったというのは意図的なフェイク・ストーリーのように思われます。

また、次項で述べますが、柿本人麻呂の作と思われる「いろは歌」には「以千（イチ）」という名前が隠し込まれています。

これらから、大三輪朝臣高市麻呂こそ柿本人麻呂だと判断できるのではないでしょうか。

なぜ、柿本人麻呂は「いろは歌」を作ったのか

柿本人麻呂は『万葉集』とともに「いろは歌」の作者ともされています。「いろは歌」は習字を学ぶ時に使われ、「いろはかるた」としても多くの人になじみのあるものです。それだけでなく、数字代わりとして項目の順序づけにも使われてきました。

しかし、そこには不思議な特徴があります。「いろはにほへと」「ちりぬるをわか」「よたれそつね……」とまるで文意をほったらかしにして、七語ずつ読まれています。

七五調の歌というだけではない何かが反映されているようです。

また、そもそも七五調なら全部で48文字になるはずですが、なぜ47文字なので

しょうか。

それは、「わがよたれそ」が六語になっているためです。それだけでなく、文法的にもおかしいと考えられます。

「わがよたれそ」に続く「常ならむ」と合わせれば、「自分の人生がずっと平穏《へいおん》な人などいるのか（いるわけないだろ）」との反語の文のはずです。

そうなら文法的には「わがよたれか」とならなくてはいけないのに、あえてこのようにしているのです。

作者の柿本人麻呂が、「ここに注意して！」と言っているような気がしませんか。

そこでよく見れば、1文字足りないと気づきます。その1文字分をブランクとしてみると48文字となるのです。

そして最後に「ん」を加えれば、49文字、7×7文字の方陣ができるわけです。

49文字を左上から右へ、そして下へと並べてみたのが次の図です。

止加祢於衣美ん
へ和津能己女須
本乎[redacted]為不喩勢
耳流曽有計伎毛
波奴連牟万佐比
呂利多良耶阿恵
以千餘那久天之

まず全体を見てください。

七言七句の漢詩のような形をしているのがわかります。漢詩なら偶数句が「吉」といわれますから絶句《ぜっく》（四句）とか律詩《りつし》（八句）なのではないでしょうか。その通りです。つまり、**奇数句だからこの詩は「凶」なのです。そして歌の内容も無情というか、明るいものではありません。**

また、歌というならば、誰が誰に向けたものなのかが気になります。

◉浮かび上がる恐ろしい言葉

この49文字の図の左上隅を見てください。「以千（いち）」とあります。これが大三輪朝臣高市麻呂のことです。『懐風藻』で「朝市」と略称されています（147ページ）。

左上がそうなら相手の名前が反対側にあるのでしょうか。そうです。右の下半分が相手の領分だととらえられます。右上隅は「止（と）」、中央は「有計（うけ）」、右下隅は「ん」そして左下隅が「之（し）」です。

この文字を続けて読むと、「とうけんし」――これは、「騰元史《とうげんし》」という藤原不比等の名です（遣唐使だった藤原葛野麻呂は『宋史』に「騰元葛野」と記述されています）。

さらに、「止」を「与」に、「計」を「希」に、「之」を「史および死」に文字変換すれば、恐ろしい言葉が浮かび上がります。

有希与死史（藤原不比等に死を与えるとの願い有り）

こう願っているのは、左上にあった「以千」こと柿本人麻呂です。

なんと**「いろは歌」の本質は柿本人麻呂、つまり大三輪朝臣高市麻呂の藤原不比等に対する「呪詛《じゅそ》」だったと見えてくるのです。**

よくいわれる「咎《とが》無くて死す」という言葉がすぐ見つかるようにしたのは、柿本人麻呂の目くらましにすぎないのです。仮名47文字を1回ずつ使ったという点で興味を引き、人々が番号の代わりに使ったり、手習いにも使うようになりました。そして何といってもかるたになったのが大きな効果をもたらしました。

作者・柿本人麻呂にとっての「効果」とは何でしょうか。かるたを覚えるために、人々は「いろは歌」を暗唱《あんしょう》しました。皆が声に出して、まるで呪文《じゅもん》のように唱《とな》えたのです。津々浦々の人々が唱える「いろは歌」——それはとりもなおさず、藤原不比等への呪詛の言葉を唱えることになるのでした。

恐るべし、柿本人麻呂！

なぜ、いろは歌に「ういのおくやま」と歌われているのか

「いろは歌」には恐ろしい呪詛が込められているのではないか、と解き明かしましたが、一般には仏教の無常感があふれる歌だとよくいわれます。それはなぜでしょうか。

秋を思わせる「いろは」に「散る」といった言葉の持つ寂しく、悲しい雰囲気もあるかもしれませんが、何といっても「有為の奥山今日越えて」という箇所が特に仏教的に聞こえるからでしょう。

いろは歌が、涅槃経《ねはんぎょう》という経典《きょうてん》の中の「諸行無常、是生滅法、生滅滅己、寂滅為楽」に基づいて作られているという説まであります。作者は不詳とされ、文献に出てくる10世紀あたりの成立ではないかともいわれます。

しかし、柿本人麻呂の藤原不比等に対する呪詛の文が隠し込まれているのです

から10世紀の作ではないはずです。当然です。この歌の意味もどうやら自分の死に際しての、いわば、辞世《じせい》の歌のような感じなのです。

柿本人麻呂の妻が亡くなった時の歌が『万葉集』にあります。

歌番213から216番は長歌一首と短歌三首ですが、その内容は酷似しています。長歌のほうは柿本人麻呂の思い出をつづったものですが、妻の死に関する記述があります。215番の短歌がこれです。


「衾路　引出山　妹置　山路念迩　生刀毛無」


意味は、『日本古典文学全集』（小学館）によれば、「（衾道《ふすまじ》を）引手《ひきて》の山に　妻を置いて　その山路を思うと　現心《うつつごころ》もない」ですが、明らかな誤訳でしょう。

「衾」というのは「遺骸を収めるもの」なのです。また、「引手」とは棺《ひつぎ》を引く人のことです。ですから、柿本人麻呂の妻の遺骸を曳《ひ》いて山に置いて（捨てて）きたことを詠んでいるのです。

歌番213、柿本人麻呂の妻が死んだときの泣血哀慟歌《きゅうけつあいどうか》（血の涙を流すほど嘆き悲しんだ歌）の一部にはこうあります。

「大鳥　羽易山尓　汝戀　妹座等」

意味は、「大鳥の羽易の山に　お前が恋しがる　妹（妻）がいると」というものです。先ほどの歌番215と一連の話だとわかります。

それが「有為の山」と何か関係があるのでしょうか。

大ありです。「羽易」は「はがい」と読むのですが、「うい」と音読みしてみてください。「有為の奥山」と「羽易の山」——音読みすれば同じです。

では、「大鳥の羽易の山」という山が実際にあるのでしょうか。

実際にそういうところが存在するのです。

まずは、「羽易」の意味がポイントです。これは、鳥の両翼の重なり合う部分のことを指します。

飛鳥の橘寺《たちばなでら》から東の方角を見ると、中央に三輪山《みわやま》、南側に巻向山《まきむくやま》、北側に龍王山《りゅうおうざん》が並びます。**巻向山と龍王山の緩《ゆる》やかな山の形が、ちょうど大きな鳥が両翼を**

広げたかのように見えます。そしてその中央にある三輪山のところで交差するように見えるのです。そこから「羽易の山」は三輪山のことだとわかります。

橘寺に行くと、「大鳥の羽易の山」の説明図も示されています。

◉妻の遺骸を棄てて何を想う

では、柿本人麻呂の妻は、三輪山の奥に遺骸を棄てられたのでしょうか。

そのようなのです。縄文時代以来、特別なケースを除いて日本人は墓を造りませんでした。死者は「ケガレ」として忌み嫌われ、山に棄てられ、墓参りなどの習慣もありません。

近年でも、葬儀の時には銘々器《めいめいき》(属人器《ぞくじんき》)と呼ばれる故人の茶碗、はし、歯ブラシなどは廃棄されたものです。茶碗を出棺の際に叩き割るといったことも広く行なわれていました。縄文住居もしばしば焼き捨てられた痕跡があります。葬る、墓を造るというのは渡来人の習慣だったのです。

この三輪山をご神体とする大神神社の社家のようなものが大三輪《おおみわ》氏でした。

その大三輪朝臣高市麻呂が柿本人麻呂であり、その妻が三輪山の奥にその遺骸を捨てられた。そして『万葉集』で、柿本人麻呂が妻の死に泣血哀慟して詠んだ歌に、「大鳥の羽易の山」として三輪山が出てくるのは偶然とは考えられません。

では、**いろは歌の「うい」は「有為」ではなくてなぜ、「羽易」だったのでしょうか。「有為」と思わせた柿本人麻呂の一本勝ちとでもいえるでしょう。**

改めて「いろは歌」の現代語訳を考えてみます。

「人生の花は咲き誇るけれど、いつかは散ってしまうものだ。自分の人生が順調だとしても、誰にでも人生の大きな変化が訪れるのではないだろうか。三輪山という、羽易の山を私の死んだ魂が今日越えていく。（藤原不比等の死の）夢（願い）を見るのだが、実は本心なのだ」

柿本人麻呂の気持ちになって味わってみてください。

なぜ、柿本人麻呂や山辺赤人には「人」の字が入っているか

「歌聖」とまで謳われた柿本人麻呂です。権力を握る者との間で大きな確執《かくしつ》があり、やがて自分の名前が消されるであろうことを予測というか十分察知していたと思われます。

そうであれば、「万葉」を「柿本」で暗示したように、**「人麻呂」にも今度は本名につながるヒントを埋め込んだとみてよいのではないでしょうか。**

本名を表に出せないとの制限があるなら、なおさら本名につながる何かを「人麻呂」というペンネームに入れ込んだと思えるのです。

『懐風藻』では、大三輪朝臣高市麻呂を「神納言」と略しています。

しかし、「人麻呂」と「神納言」には共通点が全く見当たりません。

同じ『懐風藻』に載っている、弟の大神《おおみわの》朝臣安麻呂《やすまろ》の漢詩があります。その中

には「朝市」という言葉が出てきます。「朝」は朝臣から、「市」は高市麻呂からとったと思われます。

「高市」は「タケチ」と読んでいるようですが、「市」だけなら「イチ」と読むはずです。「市（いち）」は「一」に通じ、「一」は「ひとつ（一つ）」に通じるがゆえに「ひと」となり、「人」となったと思えます。

前述の「いろは歌」の文字を並べた図の左上に「以千（いち）」とあり、右下側に「とうげん史」が表われていました。その用例からも、人麻呂の「人」は「市」に通じていたといえるように思えます。

でも、「人」は「市」だけでなく、「人」本来の意味も重要です。藤原不比等の不比等は「不《ふ》人《ひと》」と書き換えられるようにも思われます。

柿本人麻呂が「人」で、藤原不比等が「不人」となるのでしょうか。

藤原不比等を「藤原史」と書いても、その読みが「フビト」ではなく「フヒト」だったことに意味があったのかもしれません。

すると、「不人」が「人でなし」と解釈できるように思えてきます。それだか

柿本人麻呂

山辺赤人

藤原不比等（不人）

「人」と名乗ることで示したかったメッセージがある

らこそ、不比等の冷徹さに対して「お前は人ではないが、俺は人だ」との思いを込めて人麻呂と名づけたのではないでしょうか。

◉「山辺」と「赤」と「人」

さて、山辺（山部とする場合も多い）赤人という歌人がいます。その正体については次項で検討しますが、名前から推定できることがあります。

この山辺赤人は、『万葉集』のほかにも秀《ひい》でた歌を残しているばかりでなく、『古今和歌集』の仮名序では、柿本人麻呂を超える歌人とされています。

しかし、赤人という人物についてはほとんど何もわからないのです。

そこで、赤人の有名な歌、「天地の分れしし時ゆ……」や、その反歌「田子の浦ゆ……」の解読を試みてみます。

すると、柿本人麻呂と同じ手法で、重要なことを隠し込んでいることがわかってきます。ひょっとすると山辺赤人が柿本人麻呂と同一人物ではないかとさえ思えるのです。


まず、その名前を検討してみましょう。

「山辺」と聞いて何を思い浮かべるでしょうか。私は真っ先に奈良盆地の東の山側を南北に走る、「山の辺の道」を思い出します。

桜井から、大神神社、そして天理の石上神宮をたどる古代からの道です。

では、「赤」は何を意味するでしょうか。

高松塚古墳という飛鳥にある装飾古墳では、天井には星が描かれ、壁には玄武《げんぶ》などの霊獣が描かれていました。中国では天の四つの方位を守る霊獣を想定していました。東の青龍《せいりゅう》、南の朱雀《すざく》、西の白虎《びゃっこ》、そして北の玄武です。南の朱雀は朱の字からもわかるように「赤」を表わしてもいます。

「赤」には南という意味があったのです。そうすると、**「山辺赤人」は、「山の辺の道の南の人」という意味になります。では、山の辺の道の南端にあるものは何でしょうか。**

それが大神神社です。

すると、山辺赤人は、「大神神社の人」、「人」を「一」そして「市」に替えれば、「大三輪朝臣高市麻呂」になるのです。

ここから、山辺赤人も柿本人麻呂と同じく、大三輪朝臣高市麻呂の「変名」といえるのではないかと考えられます。

そして名前の中に、柿本人麻呂同様に「人」を含むので、「お前は人ではないが、俺は人だ」の藤原不比等に対する心の内が込められているのだと思えるのです。

なぜ、山辺赤人は正体不明の人物なのか

前項では、「山辺赤人」という名前を解くことから、柿本人麻呂と同じ人らしいと推論してきました。この推論が正しいのか、別の角度からも見てみましょう。

山辺赤人の経歴は、生没年も定かではありません。『日本書紀』にも、『続日本紀』にもまったく記載がありません。しかし、『後撰《ごせん》和歌集《わかしゅう》』での詞書によれば、逢坂《おうさか》の関のあたりに庵室《あんしつ》を営んでいた隠者《いんじゃ》とされています。逢坂の関は山城国と近江国との境の関です。このことは頭に入れておく必要があります。

さて、『万葉集』には長歌13首と短歌37首が、『拾遺和歌集《しゅういわかしゅう》』(3首)以下の勅撰和歌集に49首が撰録《せんろく》されているのですが、庵《いおり》に籠もり住んだ隠者である山辺赤人がそれほどの名歌を残し、それらが著名な歌集に撰録されるのには、本当なの

か、と疑念を持たざるを得ません。

『古今和歌集』の仮名序には、

「山辺赤人（原典での表記は山部赤人）という人がいました。和歌にとても才能があり、歌が素晴らしかった」

と褒《ほ》めています。そこからが肝心なところです。

「人麻呂は赤人より歌が上手だとはいえない。赤人は人麻呂より下手な歌人ではない」

日本語としてヘンな文章です。要するに、赤人のほうが人麻呂よりも和歌の道では上だといっているようです。ですが、**柿本人麻呂は「歌聖」と呼ばれた人です。それより上の人の記録がどこにもないとはおかしいのではないでしょうか。**

先にも挙げたように、歌詠みの世界では「人麻呂影供」なる行事が行なわれていたようです。

「歌聖」と謳《うた》われた柿本人麻呂の絵を壁にかけ、供養の会を催したのです。藤原定家《ていか》の『明月記《めいげつき》』にもその記述があります。
しかし、柿本人麻呂をしのぐという山辺赤人の供養が行なわれたとの話を聞いたことがありません。

◉そこには「隠者」が知り得るはずがない情報が……

この謎を解くヒントがどこかにあるでしょうか。
参考になる和歌があります。『万葉集』の巻3にある山辺赤人の歌です。

「故太政大臣藤原家の山池を詠む歌一首」

と詞書があるのです。故太政大臣藤原家とは藤原不比等のことです。そして歌は、

「いにしへの　古き堤は　年深み　池の渚に　水草生ひにけり」

というものです。

一般には「昔者之」を「古（いにしえ）の」と読んでいるのですが、おそらく間違いですね。

「古の　古き堤……」なんていう「古」がダブった歌を柿本人麻呂を超えるとされる赤人が作るわけがないと思えます。

注意しなければならない点があります。詞書にある「山池」は、古来「しま」と読まれてきました。

「しま（島）」というのは、石舞台古墳のすぐ西側にあったという「島の宮」を指すのでしょうか。

「島の宮」はもともと蘇我馬子の邸宅でしたが、後に草壁皇子の邸宅となりました。その草壁皇子が暗殺されてからの状況は、柿本人麻呂が『万葉集』第2巻の歌番167～174で詠んでいます。そして、その中の一首がこの山辺赤人の歌に似ているのです。

その歌とは、

「み立たしの　島の荒磯を　今見れば　生ひざりし草　生ひにけるかも」

というもので、草壁皇子が亡くなった時の作品と詞書にあります。つまり、ここから見て、同一人物の一連の歌だったように思われます。つまり、ここからも柿本人麻呂と山辺赤人は同一人物だと見えてくるのです。

それにしても、奈良の地の屋敷の庭の池に草が生えているなどという描写は、遠く離れた逢坂の関あたりの隠者が目にするわけもありません。隠者などというのは目くらましのために書いたものでしょう。

ではなぜ、柿本人麻呂と山辺赤人は同一人物なのに、赤人という正体不明の歌人をでっち上げたのでしょうか。

『万葉集』はもともと巻1と巻2でできていたもので、天武天皇から元明天皇の時代の朝廷を動かしていた者、すなわち藤原氏が自分たちは神代から続く在地系の氏族だとする根拠づくりのために編纂されたと思われます。

さらにおそらく、**漢語しか話せない天皇や皇族が詠んだことにした歌は、すべて柿本人麻呂の手になるものだったと考えられます。**

『日本書紀』にはヤマトタケルの歌をはじめ、多くの歌が採録されていますが、天武天皇以降の歌は全く記載されていません。そもそも藤原氏が渡来した漢人であればむしろ当然なのかもしれません。

柿本人麻呂が「藤原不比等の家も名も暴《あば》いてやる」とばかり、藤原氏の秘密を歌に隠し込んだのですが、そこには『万葉集』に含まれなかった多くの歌があったはずです。

それらを、山辺赤人の名で追加部分（巻3以降）に採録したのだろうと考えられるのです。

なぜ、『懐風藻』には「匂わせ」の記述があるのか

この章の最後に、ここまで何回か取り上げた『懐風藻』について、まとめておきましょう。

『懐風藻』は日本で最初の漢詩集です。

撰者は天智天皇の子で「壬申の乱」で滅ぼされた大友皇子の曽孫の淡海三船といわれています。

成立が天平勝宝《てんぴょうしょうほう》3年（751）ですから孝謙《こうけん》天皇の時代です。つまり、『日本書紀』や『万葉集（巻1、巻2）』と比べ、30年程度後のものです。

作者64人、詩篇120首とあるのですが、実際には、61人の作者の116篇の漢詩しか存在しません。これは、『古事記』と同様に、いったん出来上がってから、何らかの都合で手が加わったのかと思われます。

『懐風藻』の序文にはいろいろ重要なことが含まれますが、「作者に爵里《しゃくり》を付して」とある爵里（作者の経歴や業績などを書いたもの）の中に、謎のくだりが書かれています。

序文からは採録された61人に爵里があるように読めるのですが、実際には大友皇子、河嶋皇子《かわしまのみこ》、大津皇子、釋智藏《しゃくちぞう》、葛野王の5人にしかなく、その後には「これ以降の人については伝記未入手」と書いています。

それでおしまいかと思えば、釋辨正《しゃくべんせい》、釋道慈《しゃくどうじ》、釋道融《しゃくどうゆう》、石上朝臣乙麻呂《いそのかみのあそみおとまろ》に関しては記述があります。

どうやら、**『懐風藻』には完成後に爵里を削除したり、手が加えられたように考えられ、藤原氏による検閲のようなことが行なわれていたのだと思われるのです。**

存在する爵里には、どんなことが書かれているのでしょうか。

天智天皇の子で、「壬申の乱」で滅ぼされた大友皇子の例はこうなっています。

大友皇子については、『日本書紀』では、こう書かれていました。

660年代後半、天智天皇は弟の大海人皇子を皇太子に立てていたにもかかわらず、天智天皇10年（671）1月5日に自分の子である大友皇子を太政大臣にしました。その後、天智天皇は病に臥しています。大海人皇子は自ら出家を申し出て、吉野に引き籠もりました。同年12月3日、近江大津宮で天智天皇が47歳で崩御しました。大友皇子の年齢はまだ25歳でした——これが『日本書紀』での大友皇子です。

一方、『懐風藻』では、大友皇子は23歳で皇太子になり、25歳で亡くなったとあります。

「壬申の乱」は天武天皇元年（672）6月24日から同7月23日まで続きました。大友皇子は大化4年（648）の生まれですから、太政大臣になったのが24歳、天智天皇の崩御が同じく24歳の時でした。

『日本書紀』では病気の天智天皇が、『扶桑略記』ではなぜか山科に出かけ、そこで実は行方不明になって、そして『日本書紀』でも葬儀も埋葬もうやむやのうちに時が過ぎています。その後すぐに起きた「壬申の乱」を考え合わせれば、暗殺されたとみるべきでしょう。

◉日本人でもなく、渡来系でもない風貌

さて、唐からの使者、劉徳高《りゅうとくこう》らが大友皇子の風貌を見て、「この皇子、風骨《ふうこつ》世間の人に似ず、実《まこと》にこの国の分にあらず」と言った、との逸話が『懐風藻』にあります。ウィキペディアには「として褒め称《たた》えた」とありますが、そんな記述などありません。

この逸話は何を意味しているのでしょう。

劉徳高は唐の高官で、白村江の戦に勝利した戦勝国の責任者として、254人という大人数を率いて大津京《おおつきょう》まで乗り込んだ人物です。

宇治で、戦時賠償品のチェックを行なってもいます。その**唐の役人が、「日本の人間には見えない」といったのですから、中国からの渡来系にも日本にもともといる在地系にも見えなかったのでしょう。**

では、いったいどこの人間に見えたのでしょうか。

現代でも中国の西部には彫《ほ》りが深く青い目をした人たちが暮らしています。中国の北方騎馬民族で西域《さいいき》に攻め込んだり、交易をしたりしてきたペルシャ系の胡《こ》族《ぞく》の特徴が現われていたのではないかと思われます。大友皇子が在地系ではないことを匂わせているのではないでしょうか。

もう一つ『懐風藻』にある不可解な例を挙げましょう。

葛野王の爵里にこんなことが書いてあります。

葛野王の爵里では、「天智天皇の孫で、大友皇子の長男で母は天武天皇の長女だった」とあります。しかし、その先には「天武天皇の嫡孫《ちゃくそん》」とも書いてあります。嫁に行った娘の子が嫡孫であるわけがありませんね。

また、「高市皇子が亡くなってから、皇太后が王公卿士《おうこうけいし》を集めて日嗣《ひつぎ》（次の天皇のこと）を立てることを謀《はか》った」とありますが、太政大臣である高市皇子が亡くなった696年は持統天皇即位の690年より後のことです。その天皇を「皇太后」と書き表わすのも奇異でしょう。そして「図った」ではなく「謀った」としたところも暗示的に感じます。

さらに、「従来、天皇位は子孫が継承してきた、もし兄弟が継承するなら国が乱れる」と葛野王が言ったときに、弓削皇子が異論を述べようとしたとも記されています。

どうやら『懐風藻』は、

・実際には兄弟間での天皇位継承が行なわれた（天武——持統〈不比等〉）
・持統天皇は皇太后（天武天皇の后）ではない
・天武天皇以降の親族関係が事実と異なる

といったことを匂わせているのだと思われます。

これ以外にも、謎を読み取れる箇所があります。

先に述べた通り、藤原鎌足（漢人）と寶皇女（倭人）とのハーフだった天智天皇の血を引くものを、漢人である天武天皇が後継天皇にするとは考えられません。

また、『新唐書《しんとうじょ》』では、持統天皇に相当する天皇が總持《そうじ》天皇と記されており、しかも天武天皇の子、すなわち男性だとされています。

これらの記述を重ね合わせると、持統天皇は天武天皇の皇后ではなく、弟の藤原不比等だったと考えられるのです。

『懐風藻』に書かれた爵里は、『日本書紀』で改変した歴史と、真実の歴史が時間の経過とともに把握《はあく》しにくくなった時に、その真実に気づかせるために書かれたようにも思えるのです。

4

「歴史の舞台」場所・地名の謎

八角形の墓〈八角墳〉はなぜ出現したのか
（整備された「斉明天皇の墓」とされる
牽牛子塚古墳）

なぜ、藤原不比等ほどの人物の墓が見当たらないのか

藤原不比等といえば、権謀術数の限りを尽くして藤原氏の独裁体制を完成させた、日本の歴史上最大の権力者だったといってもいい人物です。

どの時代も権力者や時代の寵児《ちょうじ》は広い屋敷を建てたがるもので、不比等の屋敷は平城宮の東側の東宮に接する、8町（約8万㎡＝東京ドーム約2倍）もの広さを持つ大邸宅でした。当時、高市皇子の長子として権勢を誇っていた長屋王の屋敷の広さが4町というのですから、藤原不比等邸の広さは際立っています。

長屋王はその後、おそらく謀略により罪を得て没することになります。また、現在の奈良県生駒郡平群《へぐり》町にその墓所があります。

しかし、それよりはるかに権勢を誇った藤原不比等の墓が見当たらないのです。

「天皇に次ぐ右大臣の不比等の墓がないって？」

思わず「そんなバカな……！」と声が出てしまいそうです。

◉「日本式」の墓なんかいらない？

大きな屋敷で暮らした者は大きな墓を造るのが普通でしょう。しかし、あえて「そうするな」と命じた者には、それだけの理由があるはずです。藤原不比等（元明天皇）は埋葬の場所も仕方も遺言しています。それも死の直前に2回です。かいつまんで現代語訳にしてみましょう。

「厚く葬る必要もない。死んだ後は大和国添上郡《そうのかみ》蔵宝山《さほやま》雍良岑《よらみね》に竈《かまど》を作り、そこで火葬しなさい。別のところに葬ってはいけません。謚号は其国其郡朝庭馭宇天皇（つまり、大和国添上郡平城馭宇天皇）とし、後世に伝えなさい。皆、仕事を離れてはいけません。喪車に追従することもなりません……」

「岡を削ることなく、竈を作り、雑草を切り開き、そこを喪処としなさい。そこには常緑の樹を植え、そこに刻字之碑を立てなさい」

この簡素な墓は藤原不比等の地位、権力、業績にはまったく似合いません。墓らしい墓もないのです。丘の一部の草を刈り、そこで火葬にして埋め、不比等の名も、業績の記入もしない墓碑一つを置くというものです。そしてこの遺言通りの墓碑が後に発見されました。それまでの時代は、仁徳《にんとく》天皇陵、応神《おうじん》天皇陵など巨大な前方後円墳が造られていました。それなのに**塚も造らず、墓も造らず、という藤原不比等の場合はイメージがまったく違います**。

大きな古墳が次々に造られた時代を古墳時代と呼んでいました。ではなぜ、大きな古墳が造られなくなったのでしょうか。

大化の改新では「薄葬令《はくそうれい》」が出されました。『日本書紀』にあるその文章は、『三国志　魏書』武帝紀の記述と同じでした。魏の曹操《そうそう》が自分の墓について、不《ふ》封不樹《ふうふじゅ》と命じたとあり、そして発見された曹操の墓はまさにその通りの様態《ようたい》だったそうです。そしてそれは、古代中国の堯《ぎょう》(中国の神話上の君主)を葬る時の「因山為體。無樹無封」にならったものだったようです。藤原氏がどこから来たのかを示すヒントの一つといえるでしょう。

なぜ、急に「前方後円墳」が造られなくなったのか

墓の形は時代によって大きく変化しています。考古学の世界では、巨大な古墳や多くの副葬品が発見されると、「大権力者の墓だ！」と大ニュースになるのが通例です。

でも、そもそも墓をどうするかというのは、その時代にそこに住む人たちの心的特徴や、宗教的意識を反映するものだと思いませんか。

日本人は古来、ずっと先祖を墓に埋葬して祀ってきたのかというと、そうともいえません。

縄文時代を含め、わずかに埋葬されたものがいたようですが、**古代日本では死者は「ケガレ」だとして忌み嫌われ、遺骸は山に棄てられるのが普通でした。**

この様子は『万葉集』にある、柿本人麻呂の妻を亡くした時の歌に詠みこまれ

ています。また、沖縄の石垣島では近世まで遺骸は海岸のがけ下のくぼみなどに棄てられていたようです。これは團伊玖磨の『パイプのけむり』の本に詳述されています。私が経験した葬式でも、死者の霊が戻らぬように出棺時に死者の使った銘々器である茶碗を叩き割ったりするというならわしを目にしたものです。

一方、古墳が盛んに造られた時代がありました。3世紀から7世紀でしたが、これが飛鳥時代に急になくなります。この変化はどうして起きたのか、興味深いテーマです。

しかし、「古墳時代」というけれど、一般に埋葬法が墳墓型《ふんぼがた》になったのではありません。一般の人の遺骸は従来通り山に棄てられていたのですが、為政者、つまり天皇や一部の皇族が古墳に納められたのです。

3世紀といえば卑弥呼が有名です。天皇でいえば崇神、垂仁《すいにん》天皇の時代でしょうか。

実は、この崇神天皇からは朝鮮半島の百済系や新羅系に天皇の系統が大きく変化しているのです。

別系統に王朝が変化したので、当然その考え方、埋葬に関するフィロソフィー（哲学）が変化しました。

新羅は当時から大言壮語の気質でしたから、墳墓で権力を誇示しようとしたのでしょう。

現実に、朝鮮半島にも墳墓、前方後円墳などが存在します。古墳は漢城《かんじょう》（現ソウル）を含めて広い範囲にありますし、朝鮮半島の南西部には前方後円墳状の墳墓が存在します。

●「八角形の墓」が示しているルーツ

ところが、舒明天皇以降、天武天皇までは、さほど大きくない「八角墳《はっかくふん》」に替わります。**八角の墓は道教の特徴といえます。**

この八角墳はやはり近畿に多く分布し、北九州や鳥取県などにもみられますが、北海道、青森県、沖縄県には存在しないようです。

飛鳥時代から大型墳墓がなくなったのは、何が原因なのでしょうか。

明らかに王朝の変化によるものだと考えられます。

中国には、「厚葬派《こうそう》」と「薄葬派」が存在しましたが、北魏は「薄葬」を採用していました。

代々の北魏の皇帝は万里の長城以北の「金陵《きんりょう》」に葬られました。皇族や一部の有力貴族は、そこに陪葬《ばいそう》（主君の墳墓の近くに埋葬すること）されたようです。

金陵は『魏書』に「盛樂金陵」「雲中金陵」として記述されていますが、現在もその位置が特定できていません。そして、巨大な墳丘や大規模な陵園《りょうえん》は築かれなかった模様です。

平城（現在の大同）から洛陽《らくよう》への遷都後、陵墓は身分に応じた規模となったようです。

藤原氏は大化2年3月にいわゆる「薄葬令」を出しました。

『日本書紀』には、

「古之葬者因高爲墓、不封不樹（昔は高みを墓とした。塚を造らず木も植えなかった）」

とあります。

この文章は『三国志　魏書』武帝紀の建安23年の記述とまったく同じです。魏の曹操の墓がまさにその通りの様態であったことは前述しました。

そして、元明天皇こと藤原不比等も遺言で、「不封不樹」とするように命じたのです。先祖を仰ぎ、尊敬する魏の曹操の喪葬《そうそう》（葬儀や埋葬の仕方）をそのまま真似て実行したのでしょう。天武天皇以降の朝廷が中国・北魏の皇統の後裔であったことのゆるぎない証拠だと見て取れます。

つまり、朝鮮の百済・新羅系王朝と中国・北魏系王朝の墓についての考え方（哲学）の相違が、日本で巨大古墳が造られなくなった原因と考えられるのです。

なぜ、藤原氏は「龍門」という名の寺を建てたのか

いまも桜で有名な吉野と藤原氏の関わりを1章で少しお話ししました。

藤原氏は、大和から吉野へ向かう多武峰を、中国の道教と仏教の聖地である「五台山の中台」に相当するものと考えました。そして「南台」に相当する場所として吉野を選んだのです。

中国の五台山の南台に露出する珍しい変成岩である片麻岩が、この吉野にも分布しているという共通点もあったからでしょう。独特の地層は独特な地形を示します。たとえば、富士山は火山だからこそあの形をしていますし、山口の秋吉台は石灰岩だからこそあのカルスト地形と鍾乳洞《しょうにゅうどう》を残しているのです。

吉野川の河床には片麻岩が、石の中の粒が流れ出したような不思議な姿を見せています。そこから藤原氏の人たちは、ここが「神仙境」だと考えたのでしょう。

神社の吊り灯籠や中国人風の彫刻は何を示しているか
(奈良豆比古神社舞台/吉野山口神社本殿)

彼らにとっては道教の聖地中の聖地だったのです。

大和からは談山神社を経て、龍門山系の峠を越えて吉野に入ります。

談山神社には道観(道教寺院)が建ち、藤原鎌足の霊廟《れいびょう》もあります。そこの壁には天女が舞う、まさに道教の世界です。一見の価値があります。

さて、その吉野に龍門寺が造られました。

ここは平地ではありません。龍門岳から吉野川に流れる岳川にある龍門の滝より上流の山岳地帯の中なのです。地層は砂岩《さがん》や泥岩《でいがん》といった軟らかなものではなく、片麻岩という、とびっきり硬く加工が困難な岩石です。

その場所に、金堂、三重塔、六角堂、僧房などの伽藍《がらん》が建てられました。藤原氏の繁栄、「藤氏永昌《とうしえいしょう》」のために建立され、興福寺の管轄下に置かれていたとのことです。

それだけでも藤原氏のためだけの「山岳秘密基地」といったイメージが湧きます。龍門の滝のすぐ下流側には下乗石《げじょういし》（下馬を指示する石柱）が残っていますが、そこには龍門「宮」の文字が刻まれていました。もともとは道教寺院だったのでしょう。さらに、街道から岳川沿いの道に入る分岐点には、吉野山口神社（もとは山口大宮）があって、人の出入りを監視していたように見えます。

その山口神社にはびっくりするようなものがあります。神社めぐりの好きな人なら、目が点になってしまうかも、というほどです。

山口神社は春日造りという藤原氏関係の神社様式で、反り返った千木《ちぎ》（神社などの屋根の端で部材を交差させたもの）が特徴です。正面には左右から龍が迫る中央に「梅鉢紋《うめばちもん》」が見えます。これは藤原氏の家紋です。柱には霊獣のような彫刻物も存在しますが、なんといっても圧巻なのは、**本殿の両側の袖の部分に中国**

人としか思えない、中国の衣服姿の人が描かれているのです。

山口神社（龍門大宮）と龍門寺が、中国から渡来した藤原氏の施設であることを表わすというより、主張しているように思えます。

藤原氏が、日の本の国の天皇の系統と、大倭（倭国）の天皇の系統と自分たちのつながりの歴史を改変するための史書を編纂しようとしたとき、それを飛鳥などで行なったら、たちどころに、もともとそこにいた在地氏族にばれてしまうでしょう。

秘密に、秘密に、あくまで隠れて行なう――そんな編纂事業のためのスペースを、ほかの者が近づけない「藤原氏の寺院」である龍門寺として吉野の山奥に置くことを考えたに相違ありません。

◉神仙境である日本に渡ってきた人々

「龍門」といえば、中国には同じ字を書く「龍門石窟《せっくつ》」という山肌を開削した世界遺産の石窟の寺院があります。

龍門寺とこの龍門石窟には多くの共通点が見て取れます。

〈龍門石窟寺院〉　〈龍門寺（吉野）〉

・都との位置関係　洛陽の南13キロ　明日香の南10キロ程度

・文書編纂　『造像記《ぞうぞうき》』　『日本書紀』『万葉集』

また、龍門寺は関係史料が少ないのですが、『懐風藻』に葛野王の漢詩がありました。

五言　遊龍門山　一首　　龍門山に遊ぶ

命駕遊山水　　駕を命じ山水に遊び
長忘冠冕情　　長く冠冕の情を忘る
安得王喬道　　安むぞ王喬の道を得む
控鶴入蓬瀛　　鶴を控きて蓬瀛に入る

というものです。王喬《おうきょう》は白い鶴に乗って空を飛んだという仙人です。そして、蓬瀛《ほうえい》とは蓬萊《ほうらい》、瀛州、方丈《ほうじょう》という中国の渤海《ぼっかい》の東方海上にあった神仙の住むところを指していますが、それが古くから日本のことだとされてきました。それを踏まえるとこの漢詩は、

「馬車を用意させ（龍門山の）山水に遊んだ。おかげでようやく役所での仕事を忘れることができた。どうしたら、かの王喬のように仙人の道を身につけられるのか（そんなことできはしない）。（王喬と同じように）鶴に乗って、東方の海上にあるという蓬萊、瀛州に入る」

となります。

漢詩では、過去のことも現在形で書くので解釈が難しいこともありますが、これは、**藤原氏が中国から「神仙境」である日本に渡来してきたと知らせている、あるいは匂わせているように感じられるのです。**

なぜ、赤色の神社と白木の神社があるのか

奈良の春日大社は、真っ赤な社殿に大型の回廊で有名です。

そしてその回廊には、これでもか、とばかりに吊り灯籠が並んでいます。中には結構な数の金色のものまで含まれます。

この**春日大社は、興福寺が藤原氏の仏教寺院版なのに対して、藤原氏の神社版なのです。**

もう一つ、吊り灯籠が並んでいるので有名な神社がありました。安芸の宮島、厳島神社です。現在の寝殿造《しんでんづくり》のような形にしたのは平氏ですが、もとをただせば藤原氏です。

藤原氏とどんな関係があるのでしょうか。藤原氏の本家本元ともいうべき談山神社を見てみるとわかります。ここは藤原鎌足の霊廟があるところですから、藤

原氏にとってど真ん中の神社です。その拝殿を見れば、ずらっと並ぶ吊り灯籠が目に飛び込んできます。

そもそも、なぜ吊り灯籠をたくさん並べるのでしょうか？

確定的なことはいえませんが、「燃燈供養《ねんとうくよう》」のような儀式に使われたのではないかと思われます。「燃燈」とは釈迦《しゃか》に未来成仏の予言を授けたという仏です。生まれた時からまわりを灯《ともしび》のように照らしたので「燃燈太子」と名づけられたと伝わります。お寺では法会の際に多くのろうそく、行燈《あんどん》に加えて吊り灯籠にも火を灯《とも》していることを見たことがあるでしょう。

◉「赤」は道教寺院のシンボル・カラー

しかし、この項の最初に例に挙げたのは皆、神社でした。仏教寺院でないのが不思議です。

これは、藤原氏が神社を中心とした日本の在地宗教が中国の道教に近いものと意識していたのではないかと考えられます。道教は多神教の典型です。
それに**中国での仏教寺院は黄色であり、道教寺院は赤色と明確に色で分けられているのです。**

とはいっても、神社には春日大社のように赤色、朱色ではなく、白木のままもあります。神社の中の神社である、伊勢神宮や出雲大社は朱色ではありません。

伊勢神宮には神器の神鏡が納められています。前述したように、崇神天皇に祟って、ついには神器を宮中から追い出すに至ったという話です。

出雲大社も祟り神です。雲に届くかといわれた本殿の高い場所に閉じ込めただけでなく、人々の祈りが届かぬように、神座が拝殿からの方向と直交方向になっています。このような「祟り力」の強い神のところには自由には手が出せません。ヘンなさわり方をするとたちどころに祟られてしまうからです。

春日大社と同じ朱色が特徴的な本殿を持つ神社に奈良豆比古《つひこ》神社があります。元明天皇陵の東側にある神社で、平城津比古《ならつひこ》神社、そして春日社とも呼ばれてきました。ここには下り藤の紋が使われています。祭神が平城津比古大神《ならつひこのおおかみ》、つまり藤原不比等なのです。

不比等はその死に際し、埋葬に関する遺言をしていました。「雍良岑に竈を造って火葬せよ。ほかのところに改葬してはならない。其国其郡朝庭馭宇天皇として後世に伝えよ」というものでした。

その通り実施されたようで、江戸時代にそう書かれた墓碑が発見されています。『続日本紀』には、遺言により葬儀も行なわなかったと記述されています。

偉大な不比等の遺言には逆らえないけれど、何もしないというのはどうしても納得できない――そういう気持ちの人たちが奈良豆比古神社を建て、不比等に向けて翁舞《おきなまい》や三番叟《さんばそう》を、いわば「奉納」していたのではないでしょうか。

拝殿は壁のない舞台のようなもので、長辺が元明天皇の埋葬地を向いています。そして軒下には吊り灯籠が囲んでいるのです。その様子は藤原鎌足の霊廟拝殿に似ていますが、規模は小さく粗末なものです。

規模が小さくとも、藤原不比等に向かって燃燈の祈りをささげたのでしょう。

なぜ、「藤原京」だけが人名の都なのか

「平城宮」と「平城京」と違う呼び方を耳にすることがあるかもしれません。この「宮」と「京」は異なるものです。

聖徳太子の頃の小墾田宮も、孝徳天皇の難波長柄豊碕宮《なにわのながらのとよさきのみや》をはじめ、歴代天皇の「宮」は地名で呼ばれてきました。そして原則的に「宮」はその天皇一代限りで、天皇が崩御すれば「宮」を新たに造り遷ったのでした。

これは、伊勢神宮や諏訪大社の遷宮《せんぐう》と同じです。でも、それでは莫大な費用がかかってしまいそうです。

しかし、「宮」というのは天皇の居住区と行政に必要な役所の区域だけでした。つまり、一般人が「宮」の周囲に暮らす「京」というものとは、ほど遠いものでした。

「宮」を中心に、条坊制《じょうぼうせい》という碁盤《ごばん》の目のように造った都市を形成して、中国・北魏の平城のような都としたのは藤原京が初めてです。そして、藤原京は地名以外の名が冠せられた都としても初めてのものでした。

そんな初めてづくしの都としたのですから、日本に何か大変化があったことがわかります。

「壬申の乱」で朝廷を手中にした、中国・北魏の宗室である藤原氏が永遠の都を造営しようと計画を進めたのです。完成したのは藤原不比等の時代になってからでした。

それから先、**千年にもわたってこの藤原京で繁栄し続けるとの願いと決意があったからこそ、地名を使う従来の習慣を無視して一族の名前を都の名前にしたのです**（ただし、「藤原宮」との記録はありますが、「藤原京」との記録はないともいわれています）。

その証拠といいましょうか、天武天皇は藤原京の中心線、つまり朱雀大路《すざくおおじ》の延長線上に自分の墓を置いています。その時点でまだ完成していなかった藤原京だったのですから、藤原京をどこか別の場所に遷す考えはなかったに違いありません。

◉京都にのぼることを「上洛する」と言う理由

では、永遠の都としたかった藤原京から平城京に遷った理由は何でしょうか。

藤原不比等の息子、珂瑠皇子が文武天皇となりましたが、弱冠25歳で崩御してしまいました。このとき、ほかにも藤原氏の中に死者が出ました。

天武天皇が草薙剣の祟りで亡くなったことをよく知っていた不比等は、それら藤原氏が滅ぼしつつあった東北の「日の本国」の呪い・祟りを防ごうと、石上神宮の参道を切り替え、道教的封じ込めを行ないました。伊勢神宮の参道も付け替えたようです。さらに多くの古くから日本にあった在地系の重要な神社の本殿を三角形、つまり龍《りゅう》の鱗形《がた》のものを垣《かき》の上に配置して閉塞空間としました。

想像になりますが、この文武天皇の死も、占いで「祟り」と出たのではないでしょうか。それが都を遷した理由だと思われます。

平城京は藤原京のほぼ真北に位置し、大極殿《だいごくでん》などの部材も再利用、つまり移築されたものがあったといわれています。

そして、名前を中国・北魏の都の名前をとって「平城」としたのです。

ちなみにのちの平安京では、なんと、左京を「洛陽」と呼び、右京を「長安《ちょうあん》」と呼びました。洛陽とは北魏の孝文帝《こうぶんてい》が平城から南に都を遷したときの名前です。藤原氏と北魏の切っても切れない関係が見えています。

平安京が洛陽と呼ばれたことは、その後「信長公が上洛《じょうらく》いたし……」「洛北《らくほく》に遊び……」といったなじみのある言葉が使われたことからもわかります。

『愚管抄《ぐかんしょう》』という本の桓武天皇の部分には、「……平安城を造りはじめた。東側は愛宕郡で、左京といった。唐名で洛陽という。西側は葛野郡で右京という。唐名では長安」と書かれています。

余談ですが、「平城京」と「平安京」は古来も現代も音読みです。地名を冠した宮の場合は訓読みですね。そこにも特徴が出ています。

なぜ、藤原氏の子弟だけが入れる学校があったのか

天智天皇の時代に学校が設立されたような記録がありますが、大学寮《だいがくりょう》の存在が明確なのは701年の大宝律令《たいほうりつりょう》からです。

これほど古くから制度としての教育機関があったというのは驚異的なことです。最初は儒教教育が主でしたが、時とともに文章博士《もんじょうはかせ》を中心とする漢籍《かんせき》教育に重きが置かれていきました。仏教や古来からの神道が儒教と並立した日本の支配階層においては、儒教理念より漢文の教養のほうが重要だったたからです。

その大学寮があるのにもかかわらず、新たに、「勧学院《かんがくいん》」という学問所が作られました。勧学院は821年に藤原冬嗣《ふゆつぐ》が創建したものです。

871年には大学別曹《だいがくべつそう》として認められ、本来、大学寮に寄宿すべきところを免

除されました。それだけではなく、大学寮の学生《がくしょう》と同様に授業や試験を受けることができました。そして特権として任官試験抜きに地方官になれるという扱いまで受けたのです。

そしてここには藤原氏の子弟しか入れませんでした。

こんな言葉があります。

「勧学院の雀はモウギュウをさえずる」

というものです。

蒙求《もうぎゅう》は、伝統的な中国の初学者向け教科書のことです。本文は四字一句の韻文《いんぶん》で、596句2384字からなり、偶数句の句末で押韻《おういん》し、結語《けつご》にあたる最後の4句以外は8句ごとに韻《いん》を変えています。

内容は古人の逸話をきわめて短い言葉で羅列しただけのもので、たとえば夏目漱石の名のもとになった「漱石枕流《そうせきちんりゅう》」といった言葉が並べられています。そして、伝統的に蒙求の本文は漢音で音読することになっています。

◉そこで「音読」されていたのは……

この「漢音で音読」というのが重要なポイントです。私は漢文を読むことはしますが、漢音での音読などしたことがありません。日本人にとっての漢文習得は読み書きなのです。

「山川異域　風月同天」を、日本人は日本語として「山河、域を異にす　風月、天をおなじゅうす」と読むのです。

では、漢音で音読するというのは、漢人が漢文を読む練習をしているということでしょうか。

そうだと考えられます。

先の「モウギュウ」にまつわる言葉ができるくらいですから、当時あった古くから日本にいた在地氏族の大学別曹や大本の大学寮でも「蒙求」の音読などしていなかったと思われます。

現代の日本人だって、小学校から国語の時間に教科書を音読します。そうやって、日本語の単語の発音の仕方、リズム、イントネーションを身につけていくのです。

つまり、**勧学院に藤原氏の子弟しか入れないというのは、逆にいえば、藤原氏が漢人で漢語を話していた証拠でもあるのです。**

おそらく、藤原不比等が自分たちで朝廷を動かすことを盤石にしてから時移り、平安の時代になって在地の人（日本人）との日常的な触れ合いが増えるにつれ、もともと彼らが話していた漢語も崩れてきたのでしょう。それではいけないと、勧学院を造り、漢語教育を徹底しようとして、それこそ雀が「蒙求」を覚えるほど音読させたに違いありません。

乱れ行く日本語を放置している現代日本より、はるかにしっかり自分たちのルーツを守ろうとしているように感じます。

なぜ、役所に「陰陽寮」という名の部署が設置されたのか

「四つ葉のクローバー、見つけっ！」などという子供の声を聞いたことのある人は多いのではないでしょうか。中にはそれを「あげる」と差し出され、戸惑った人も……。今も人気の四つ葉のクローバーは幸運の徴です。

でも、本気で幸福になれるなんて信じている人はいないでしょう。しかし、古代には本気で信じられていたようなのです。

『山海経《せんがいきょう》』という中国の古い本には、幸運の徴（瑞兆《ずいちょう》）や不幸の徴（凶兆《きょうちょう》）がぎっしり書かれているばかりか、それがどこで発見されたかなどまで記述されています。

世の中には不思議なことがたくさんあります。日照りがあったり、長雨があったり、火山が噴火したり、はては呪われて病気に、ということもあります。神の

祟りだって、そう感じる時があるものです。

そこで人間は対策を考えます。

① 天象、気象、その他の変化に注意し、異常に気づく
② その原因が何かを特定する
③ 凶兆であれば、その災難を防ぐ手立てを講じる

という3段階をとって対応したのです。もちろん、それが科学的かどうかは、問いません。現代ではないのですから。

その3段階を担当した役所が「陰陽寮《おんようりょう》」でした。

個人的な問題ではない、朝廷内部や政治行政に関するものを陰陽寮が担当していました。

唐には天文・暦法・漏刻《ろうこく》（天文観測・暦の作成・時刻の計測）を扱った「太史局《たいしきょく》」があったらしいのですが、そこで占卜方術《せんぼくほうじゅつ》（卜占《ぼくせん》〈うらない〉・呪術・煉丹《れんたん》術・医術など）を管轄《かんかつ》していた「太卜署《たいぼくしょ》」に相当する機能を、日本では陰陽寮が

扱うことになっていました。**陰陽道系が重要視されていたといえます。これは、やはり道教の影響でした。**

道教は中国・北魏の国教であり、2章で少しお話しした寇謙之が道教を体系化したのも北魏でのことでした。

推古、舒明、皇極、孝徳、斉明、天智天皇の時代の『日本書紀』の記述に限定的に天象、気象、その他の瑞兆や凶兆が記述されているのと、藤原氏の朝廷支配との関連を否定できません。

●陰陽術と道教の関係

陰陽寮は飛鳥時代（7世紀後半）に天武天皇が設置したものですが、それまでは**藤原氏が陰陽術を駆使していたものと思われます。**

この陰陽寮が「対応」したことにはどんな例があるでしょうか。

・蘇我氏と物部氏の戦いで滅びた物部守屋《もりや》の祟りを恐れて若草《わかくさ》伽藍（法隆寺の前

身）が建てられた

・藤原鎌足が行なった諸悪への祟りを恐れて山階寺が創建された

・藤原不比等が行なった諸悪の祟り除《よ》けに法華滅罪寺が建てられた

・在地の天照大神、それ由来の神宝を恐れて、参道の付け替え、神社の朱色化、黒三角（鱗形）による閉じ込めなどの細工を施《ほどこ》した

・藤原四兄弟の急死の後の法隆寺再建

・後鳥羽《ごとば》上皇による鎌倉幕府への組織的呪詛

など、たくさんあげられます。

平安時代には、方角が悪いからと、いったん違う方角に向かってから事を行なうという「方違《かたたが》え」がありましたが、それに近いものは現代でも残っているようです。

現代の日本で表立った道教の活動はありませんが、道教的な占いやまじないの習慣が根強く残っているようです。これも藤原氏の影響なのです。

コラム

『日本書紀』が卑弥呼に触れない理由

古代の歴史ロマンといえば、多くの人が卑弥呼を挙げるのではないでしょうか。その卑弥呼は、『日本書紀』にはほんのわずかしか記述されず、そして『古事記』には全く出てきません。

なぜなのでしょうか。3世紀の中国の歴史書、『魏志倭人伝《ぎしわじんでん》』をよく読むと、その理由が見えてくるようです。

それは、「卑弥呼はいたかもしれないが、女王などいなかったと判断したのではないか」と考えるのが妥当なように思われます。

『魏志倭人伝』の倭国の九州北部にあったと考えられる伊都国《いとこく》の記述に、「郡の使いの往来して常に駐るところなり」とあります。朝鮮半島の帯方郡《たいほうぐん》から日本列島に来た魏の使者は、伊都国までしか来なかったようです。もしも邪馬台国まで来て卑弥呼に実際に会っていたなら、女王に面会したと記述があるはずです。

その後、正始元年（240）に魏の詔書《しょうしょ》、金印紫綬《きんいんしじゅ》などを持った帯方の使者が倭国に来た時には、「倭王、使いによって上表し、詔恩を答謝す」と記述されています。やはり、魏の使者は邪馬台国には到達していません。

卑弥呼については「鬼道《きどう》に事え、よく衆《しゅう》を惑わす」と、女性シャーマン説の根拠とされる記述があります。

ですが、「王となって以来、見たものは少ない。婢《ひ》1000人をもって自らにはべらせている」ともあります。1000人もの女性を侍《はべ》らせるのは女王ではなく、唯一考えられるのは伊勢神宮の斎宮《さいぐう》でしょう。後世でも斎宮には500人の女性が従っていたようですから。

女王ならば行政を行なわなければなりませんが「見たものが少ない」状態ではそういう仕事はしていないと考えられます。また、邪馬台国がまとめている国々に関しては「大倭にこれを監せしむ（大倭に掌握させている）」と書いています。実際はどうだったのでしょうか。

垂仁天皇の時代に、女王国と称して魏の明帝に使いを送り、「倭王」の地位を認めさせたかったのでしょう。うんと背伸びして大言壮語を吐いたその怪しさに、『日本書紀』でどう扱うかでは困り、やむなく『日本書紀』では、神功《じんぐう》皇后（応神天皇の母）に対応させ、わずかに記載しています。

・神功皇后39年……『魏志』に、景初《けいしょ》3年に、倭の女王が難升米《なとめ》等（女王国の大夫）を魏に遣使した、とある

・神功皇后40年……『魏志』に、正始《せいし》元年に、魏が建忠校尉梯携《けんちゅうこういていけい》等（帯方郡の武官）を派遣して、詔書印綬を以て倭国を訪問、とある

・神功皇后43年……『魏志』に、正始4年に、倭王が伊聲者《いせさ》・掖耶約《ややゃく》等（使者の名）8人を派遣した、とある

この神功皇后が卑弥呼だといえるのでしょうか。

到底そのようには思えません。神功皇后は仲哀《ちゅうあい》天皇の皇后だった人ですが、天皇崩御の年には筑紫から兵を率いて朝鮮半島の新羅を攻略し、百済、高麗をも服属させた人です。その遠征中に応神天皇となる子を産みました。神に仕える卑弥呼とは似ても似つかわしくないタイプの人であり、『日本書紀』に書きようがなかったのではないでしょうか。

5

「事件・暗殺」の謎

奈良公園の鹿。
中国の北魏の都にある「鹿苑」とは……

なぜ、戦っている皇太子（中大兄皇子）の後ろで臣下（藤原鎌足）がただ見ているだけなのか

「乙巳の変」という大事件は、傍若無人《ぼうじゃくぶじん》の蘇我入鹿が中大兄皇子（後の天智天皇）に殺され、蘇我氏滅亡のきっかけとなった出来事です。この後、大化改新が始まるという歴史の転換点でした。

その蘇我入鹿暗殺の場面での様子に奇妙な点があります。

中大兄皇子というのですから皇太子のはずなのに、その中大兄皇子が蘇我入鹿に立ち向かう時に、藤原鎌足は後ろで弓矢を構えているだけで暗殺に直接加わっていないのです。

たとえ、血気にはやる皇太子がいたとしても、臣下である藤原鎌足が暗殺を実行し、中大兄皇子は後ろで指揮をするのが普通でしょう。

ところが、実際は逆でした。この奇妙な立ち位置には重大な意味が隠れている

ようです。

「乙巳の変」のこの場面は、『日本書紀』と藤原氏の家伝書『藤氏家伝』とがほとんど同じといっていい文章（漢文）を載せています。しかし一点だけ、一文字だけ、見逃せない違いがあるのです。

藤原鎌足が弓矢を持って、中大兄皇子を助けるべく見守る場面の描写です。


『日本書紀』では——「中臣鎌子連等、持弓矢而爲助衛」

『藤氏家伝』では——「太臣持弓矢為翼衛」


これは、藤原鎌足が中大兄皇子を助けるというシチュエーションは両者同じですが、「爲助衛」と「為翼衛」との差があります。

助も翼も「たすける」と読むことには変わりありませんが、「翼」は「親鳥が翼をもって雛《ひな》をかばう」との意味なのです。

というところからも、藤原鎌足が中大兄皇子の父親だったのではないかと考えられるのです。

ですから、藤原鎌足が高向王として、妃の寶皇女との間にもうけたのが中大兄皇子という説がここで真実味を増すのです。

◉わが子を「ヒーロー」にしたかった親心

当時、蘇我入鹿は悪名高い存在で百官から嫌われていました。

いつもは秘密裏に暗殺に手を下す藤原鎌足は、この時ばかりは皆が見ているところで、**皆から総スカンの蘇我入鹿を、わが子の中大兄皇子に殺害させてヒーローにしたかったのだろうと思われます。**

それを成し遂げなければ将来天皇になれないと判断していたのでしょう。何といっても中大兄皇子は古くから日本にいる在地系天皇の血を十分引いてはいないというだけでなく、中国からの渡来人とのハーフだったのですから。

『日本書紀』に、死の床に伏している藤原鎌足を天智天皇（中大兄皇子）が見舞ったときの様子があります。これも普通ではないのです。

「具合の悪い所を親しく問いかけ、憂いによってやつれること極めて甚だしい」

と表現されています。天皇と家臣の関係とは到底思えません。

『藤氏家伝』には天智天皇が与えた恩詔が載っています。冒頭の一部を紹介すると、

「内大臣（藤原鎌足のこと）が忽然と亡くなってしまった。天はなぜ彼を死なせてしまったのか。心が痛み、悲しい。私を置いて遠くに逝ってしまった。理解できないし、口惜しい……」

葬儀の車が通ったときの取り乱した様子も描かれています。この哀々切々《あいあいせつせつ》とした言葉からも、藤原鎌足と天智天皇は親子だったと判断できるのではないでしょうか。

心配しながらもわが子に手柄を立てさせようと、背後で弓矢を構えた藤原鎌足の気持ちは、子を持つ親として理解できるのです。

なぜ、大津皇子は皇太子なのに謀反とされたのか

戦国時代、織田信長が明智光秀に討たれた本能寺の変のときのこと。庭の木に登った織田方の物見《ものみ》が「桔梗《ききょう》の紋所《もんどころ》」と言うのを聞いた信長の近習《きんじゅう》が、「光秀謀《みつひでむ》反《ほん》」と大声をあげた場面があります。

ここでの「謀反」という言葉は戦国の世になってからのもので、藤原氏の時代の律令にある「謀反」とは意味が違います。

ではたとえば、藤原不比等らが編纂した有名な「大宝律令」を改定した「養老《ようろう》律令」でいう謀反の意味はどうなっていたでしょうか。

養老律令の律の規程では、「謀反」とは国家（政権）の転覆や天皇の殺害を企《くわだ》てる罪のことであり、謀反に加わった者は、主犯・従犯を問わず、皆「斬《ざん》」とさ

れていました。

ここで重要なことは、実際に行動を起こしていなくても、計画しただけで死罪だったことです。そんな大罪の「謀反」という言葉が『日本書紀』に出てくるのは極めて珍しいことですが、その例がありました。

天武天皇が崩御した朱鳥《しゆちよう》元年（686）9月9日から1カ月もたたない10月2日に、大津皇子が謀反の罪で捕らえられ、翌日には刑死しているのです。

この早さは取り調べもなく処刑された、ということでしょうが、何か裏にありそうです。

「謀反に加わったものは主犯、従犯に限らず全員死刑」と決まっているのに、なぜか死罪になったのが大津皇子だけで、その他の捕まった者は全員許されているのです。これからは謀反そのものがでっち上げだったのではないかと思われます。

でっち上げの真相を追求してみると、『日本書紀』にはどうも腑《ふ》に落ちない経過が書いてあります。謀反ではなく、天武天皇の皇太子についてのことです。
・天武天皇10年（681）2月25日に草壁皇子が立太子

・天武天皇12年（683）2月に大津皇子が初めて朝政に参加した

どうもヘンですね。

皇子（通常は長子）が立太子して皇太子となり、ある年齢になったときに朝政に参加し、天皇が崩御した時に天皇位を継承して新天皇になるのが正常な流れです。

しかし、『日本書紀』によれば、草壁皇子が立太子して皇太子となった後に、大津皇子が朝政に参加しています。さらに**皇太子がいるにもかかわらず、幼いわけでもないのに皇后が称制するなど、あり得ない流れになっています。**明らかに意図的な歴史改変が行なわれているとみていいでしょう。

◉皇太子に皇位を継がれては困る人

『懐風藻』も見てみます。

すると、序文には「龍潜王子……」と大津皇子のことを書いているのです。

「龍潜」も「潜龍」も、まだ水に潜っている段階の龍、つまり、天子になる前の皇太子を意味する言葉です。さらに大津皇子の爵里では「皇子は浄御《きよみ》原帝《はらてい》の長子なり」とも書いてあります。

これは、「謀反」で死罪となった大津の皇子こそ、天武天皇の長男で皇太子だと示しています。

しかし、大津皇子の母は天智天皇の娘でした。天智天皇を暗殺し、その子、大友皇子を「壬申の乱」で滅ぼした天武天皇は、**古くから日本にいる在地氏族の血を引く皇位継承資格者を次々に死に追いやってきていました。弟の藤原不比等と一緒になってその方針を貫こうとしていたのです。**

ですから、天武天皇自らが崩御した時、その皇太子に皇位を継承させてはならないと、大急ぎで大津皇子を排除した——それがこの大津皇子事件の本質だと考えられます。

天皇が崩御した後、皇太子が皇位を継承するのは当然の流れです。「謀反」になどなろうはずがありません。謀反は『日本書紀』の中だけの話で、実態は藤原不比等が単に大津皇子を殺害しただけだったのではないのでしょうか。

なぜ、病気でもないのに急に死ぬのか(草壁皇子編)

『日本書紀』を読むと、何人もが病気でもないのに突然亡くなることに気づきます。そういう時に限って、殯《もがり》(納棺して長く仮安置すること)も葬儀も行なわれていません。「これは殺されたのでは?」と思えるのです。実際に暗殺だったのではないでしょうか。

草壁皇子の例があります。

まずは『日本書紀』の記述が正しいと信じた場合から始めましょう。

天武天皇が崩御した686年に皇太子である草壁皇子は24歳でした。

すぐにも天武天皇の後を継いで即位してもいい年齢であり、崩御の直前には天武天皇が皇后と皇太子に政務を委《ゆだ》ねた、と記されています。

それなのになぜ、皇太子である草壁皇子が即位せずに皇后が称制をしたのでしようか。

このことに関しては、草壁皇子を天皇にしたかったのだが、早く死んでしまったので、草壁皇子の子である幼い珂瑠皇子が大きくなるまで、天武天皇の皇后だった菟野皇女《うののみこ》が持統天皇として皇位を継承、保持していたとの説明が一般に行なわれています。

ところが、草壁皇子が死去したのは689年のことであり、天武天皇崩御は686年の9月9日なので、崩御から約3年の間、草壁皇子は生存していたのです。

それにもかかわらず、皇太子である草壁皇子に即位させずに皇后が称制したのは不可解なことです。本来は天皇崩御の時は、皇太子が皇位の継承をします。皇太子は天皇の子から選ばれますから、もし皇太子が死去すれば、残った子の中から皇太子が選ばれます。この原則からは、天武天皇が亡くなったら、即座に草壁皇子が時を置かずに天皇として即位するはずなのです。

しかし、**大津皇子の死後すぐに、皇后が称制を始めています。『日本書紀』ではごまかしていますが、この皇后とは藤原不比等を指していると考えられます。**

藤原不比等は例の「在地系の血が混じった者は排除する」という原則で動こう

としますが、さすがに、草壁皇子がいるのに自分が天皇になるわけにはいきません。だからといって、大津皇子の暗殺直後に草壁皇子を続けて暗殺したのでは、いくら何でも周囲の目が気になります。

●『日本書紀』に書かれなかった暗殺被害者

そのジレンマの中で藤原不比等は、天武天皇の葬儀などが終了した時点で手を下そうと考えたのでしょう。時系列で並べてみます。

・687年10月　天武天皇の大内陵《おおうちのみささぎ》を造り始める
・688年11月　皇太子以下及び外国の使者が殯宮《もがりのみや》に集まり、誄《るい》（しのびごと）を奉る。その後、大内陵に埋葬
・689年1月　2年ぶりに元日の朝拝を復活。藤原不比等が吉野に3日間行幸
　4月13日　草壁皇子死去

これを見ると、688年11月の天武天皇の葬儀の時には「皇太子以下」とあります。草壁皇子が皇太子として参加しているのです。当然、「草壁天皇」誕生が近いと誰もが思ったことでしょう。

草壁皇子の死に関しては、『日本書紀』には、「皇太子草壁皇子尊薨」と記述されているだけです。病気をしていたような記述はありませんし、そして死去の後についても、殯も埋葬もくわしいことどころか、何も記述がないのです。

さて、4月13日に草壁皇子が死去したのですが、すぐ後の22日には春日王が死去しています。この春日王とはほかに記載がないので、どのような人物なのかがまったく不明なのですが、この時期と、その死だけを記す状況からみると、歴史から隠されてしまった皇位継承候補者の一人だったのかもしれません。『日本書紀』に記載されなかった暗殺被害者はさらに多かった可能性が高いのです。

藤原不比等の屋敷跡に法華滅罪寺が建てられた理由がわかるように思えます。

なぜ、病気でもないのに急に死ぬのか（聖徳太子編）

前項でお話ししたように、草壁皇子の暗殺には、その予兆も病気の有無も、葬儀についても『日本書紀』には記述がありません。それどころか『日本書紀』以外の史料も見当たらないようです。いうなれば小者扱いです。

ところが、聖徳太子についてはまったく違います。

『日本書紀』にも多く言及され、ほかにも多数の史料が存在します。その分、不可解なことが次から次に持ち上がってきます。

この扱いの差は何が原因でしょうか。

それは聖徳太子が実は天皇、たとえば「聖徳天皇」だったからだと思われます。「飯炊き女」といった名前の推古天皇が実在したとは考えられませんから、それは**聖徳太子が天皇ではなかったことにしようとする作文だったのでしょう。**

『日本書紀』の記述の流れを追いかけてみましょう。

〈聖徳太子暗殺をほのめかす、匂わす現象を記述〉

川辺臣《かわべのおみ》が船を造るための樹を探して伐った

近江國の川に人の形をしたものが流れた

攝津國《せつつのくに》の漁父が堀の中に魚でも人でもないものが沈んでいるのを発見

檜隈陵《ひのくまのみささぎ》の上を砂礫《されき》で覆《おお》った。その上に多くの氏に柱を立てさせた

中でも倭漢坂上直《やまとのあやのさかのうえのあたい》の柱が一番太く、しかも高かった（暗殺実行者の暗示）

長さ1丈余りの彗星《すいせい》が現われ、その尾の色が赤だと言う（陰謀を示す天象）

〈突然次の説明が入る〉

聖徳天皇と嶋大臣（蘇我馬子宿禰《すくね》）が相談した上で、「天皇記及國記、臣連伴造國造百八十部幷公民等本記」を編纂した（暗殺の原因）

聖徳太子死去に関する諸史料についても略述してみます。

・『天寿國繡帳《てんじゅこくしゅうちょう》』では、推古29年2月22日夜半に死去
・『日本書紀』では、推古29年2月5日夜半に死去
・『上宮聖徳太子傳補闕記《じょうぐうしょうとくたいしでんほけつき》』では、推古30年2月22日に「病なくして薨」
・法隆寺金堂釈迦三尊像光背銘《こうはいめい》は、推古30年2月21日妃が死去、翌22日聖徳太子死去
・『聖徳太子伝暦《でんりゃく》』では、推古天皇29年春2月に「太子が妃に沐浴《もくよく》を指示、自分も沐浴し、衣服を替え、妃にいうには、『私は今晩死ぬ。一緒に死のう』と。妃も衣服を替え、太子の横に並んで寝た。翌朝、いつまでたっても起きてこないので戸を開けてみたら二人とも死去していた」との記述

◉法隆寺は左右対称には造られなかった

一方、『日本書紀』によれば、推古天皇29年2月5日に崩御した「聖徳天皇」は、同月中に磯長陵《しながのみささぎ》に葬られたと記述されています。ただし、それだけの記述であり、誄に関してても葬送に関してもまったく触れられていません。

法隆寺の境内が「左右対称」に造られていない理由とは

古来、大君（大王、天皇）などが死去した時は長ければ3年に及ぶ殯の後に葬られるものでした。

「聖徳天皇」が崩御の後、十分な殯の期間も置かずに陵に葬られることは通常では考えられないのです。

まして崩御の後、国民すべてが嘆き悲しんだ、と記述するほど慕われた天皇をただちに葬るのは特別な事情があるに違いありません。ほかの人の目に触れないように大急ぎで葬ってしまった——すなわち暗殺であった可能性が高いのです。

暗殺の予兆の最後には、暗殺者の名が匂わせてありました。

そして、その後の死去のところの前になぜか、『天皇記』『国記』の作成が記述されています。

『日本書紀』の道教的な特徴からは、これこそが暗殺の直接的動機だと思われます。藤原氏にとって、古くから日本にいた在地の王朝の歴史がそのまま残るのは受け容れがたいことだったのでしょう、だからこそ、蘇我氏滅亡の折に焼失したことにし、自分たちが許容できる形で『日本書紀』を作成したのだと思われるのです。

加えて、**聖徳太子（聖徳天皇）の祟りを防ぐために法隆寺を建立したのでしょう。**

法隆寺の配置を見てみると、左右対称ではなく、回廊の柱の数も左右で異なります。

中門の真ん中には柱が存在し、参道から中門を抜ける中軸上には、金堂も五重塔もありません。

つまり、祈りが通じない設計になっているのです。

コラム

奈良公園の鹿たちも歴史の目撃者

奈良公園に行くと、いまも多くの鹿がいます。観光客が手にする鹿せんべいをおとなしく待っていないで、積極的にというか、厚かましくというか、乱暴に奪い取っていく鹿も見受けられます。この鹿たちはなんと野生なのだそうです。つまり、人工飼育ではなく、鹿が自分で食料を探して食べているのです。

ちょっと山のほうに入ってみるとわかりますが、畑には鹿よけの防護柵が設けられています。このあたりの鹿は「神鹿《しんろく》」という扱いで保護対象となっています。

この鹿たちを春日大社の縁起（由来や沿革）に結びつける説もあるのですが、間違いでしょう。なぜなら、遺伝子解析により、紀伊半島のある一部の鹿集団の遺伝子と同じと判明しているからです。

『万葉集』にもこの鹿を詠んだ歌が載っているとのことから、平城京が造られたころに放たれたと思われます。

では、なぜ、この時期、この場所に鹿が放たれたのでしょうか。

鹿苑《ろくえん》は藤原京にも、それ以前の都にもなかったもので、平城京になってはじめて現われたものです。中国・北魏の都であった平城の設計思想が参考になるはずです。その思想の全容に触れるには紙数が足りませんから、鹿苑に関係のありそうなところを抜き出しましょう。

実は、北魏の都・平城に鹿苑があったのです。平城の中の宮城《きゅうじょう》の主要な建物などの骨格は初代皇帝・太祖道武帝《たいそどうぶてい》の時代にできあがりました。宮室《きゅうしつ》、宗廟《そうびょう》、社稷《しゃしょく》や天文殿《てんもんでん》、天華殿《てんかでん》などの宮殿のほか、城郭の北側には大規模な鹿苑を造りました。この鹿苑は単に猟《りょう》を行なう場所ではなく、戦争などで獲得した大量の家畜を収容する広大な放牧地であったことが明らかになっています。北魏が遊牧民の国だったという性格がよく出ているように見て取れます。

そして日本の平城京にも東側の春日大社のある現在、奈良公園となっている鹿苑が存在します。その基本的都市デザインの共通性が見えているようです。

のちの平安京にも平安宮の南側に神泉苑《しんせんえん》という、湧水を中心とした苑地があり、鹿が放牧されたというのですが、その規模からみて平城京の鹿苑とはまったく性格を異にするようです。元明天皇となった藤原不比等は、その鹿苑を見て、遠い先祖の北魏の平城に思いを馳《は》せていたのかもしれません。

6

今も日本と日本史に残り続ける謎

古代文字の碑〈アワ文字の鯨塚〉
(宮城県唐桑半島)

なぜ、天皇は「万世一系」で続いているのか

教科書では神武天皇から現在の天皇にいたるまで、日本では一系の天皇が続いているとされています。しかし、そうあってほしいという願望を持つのは自由ですが、願望は事実ではありません。「万世一系」とするほうが統治するうえで好都合と考えた明治政府が、国民に植えつけたイメージなのです。

ただ、そう思えてしまう下地はありました。藤原氏です。

中国の北魏からの渡来氏であった藤原氏は、中国の歴史のように王朝が次々と替わらず、自分たちが築いた王朝を千年の先までも続くようにしようとしました。

そのために、**自分たちがそれまでの日本の在地王朝の正統な後継者であるように歴史を書き換えた『日本書紀』を作ったのです。**

ただし、『日本書紀』にも王朝の変化を示す言葉や事柄が記載されています。

神武天皇が「始馭天下之天皇」と表記されているだけでなく、崇神天皇も「御肇国天皇」と記載されているのです。そのどちらも「はつくにしらす天皇」という意味で、これでは初めて日本を治めたという天皇が2人いることを示すのですから血統、つまり王朝が異なることになります。

また、崇神天皇は神鏡、神剣と一緒にはいられないと、それまで天皇家に受け継がれてきた神器を否定した天皇でした。これは崇神天皇が正当な後継者ではなく、朝鮮半島から来た百済人だったからです。この崇神天皇の名は「御真城入彦《みまきいりびこ》イ・ニェ」で、その意味は「御真城から入ってきたイ・ニェ」となります。続く垂仁天皇の名は「活目入彦《いくめいりびこ》　イ・サチ」です。

「イ・ニェ」「イ・サチ」と読めば、最近の「イ・ボミ」、「イ・グンソク」といった韓国人の名前に近いと感じることでしょう。

●日本での「王朝交代」

「万世一系の天皇」という概念がここまで日本人の間に広まったのは、江戸時代終わりの慶應《けいおう》3年（1867）10月、岩倉具視《いわくらともみ》が「王政復古議《おうせいふっこぎ》」に「皇家は連綿として万世一系礼楽征伐《れいがくせいばつ》朝廷より出ました」と書いているのがそのはじまりです。「万世一系」の言葉が使われたのはここからで、礼楽征伐とは、政治、文化、教育、軍事のことを示しています。

明治政府を作った人たちは、西欧のようにキリスト教という「宗教」で国を束ねることも考えましたが、日本の場合、宗教としては、神道も仏教も物足りないと感じ、「万世一系の天皇」を国家の基軸にすることにしたのです。

参考までに明治憲法の第一条を示します。

「大日本帝国ハ萬世一系ノ天皇之ヲ統治ス」

江戸時代が終わるまで、言い換えれば明治時代になるまで、日本には「万世一系の天皇」という言葉すらなかったのです。

「万世一系」を覆《くつがえ》す王朝の交代は藤原氏の登場以前にもありました。

朝鮮半島の新羅系である武烈天皇に至る悪逆非道に耐え切れなくなった古くから日本にいる在地勢力が越の国（高志国《こしのくに》。現在の敦賀《つるが》市から山形県庄内《しょうない》地域の一部までの地域）から継体天皇を迎え入れます。

しかし、飛鳥に存在する新羅系の天皇の抵抗にあって、20年間、いまの京都市の南部に広がっていた巨椋池《おぐらいけ》をはさんで対峙《たいじ》を続けました。その均衡《きんこう》状態を破ったのが北魏からの渡来氏であった藤原氏です。

藤原氏の力によって継体天皇が飛鳥入りを果たし、長く続いた新羅系王朝は滅びたのです。

『日本書紀』は継体天皇を応神天皇の5世の孫と記述していますが、実際はこの時、新しい王朝に替わりました。

そして次の王朝交代です。藤原氏が正面からの武力衝突ではなく、巧妙に、段階的に事を進めたので、王朝交代が目立たないかもしれませんが、飛鳥時代の仏像などが「北魏様式」と呼ばれるように、政治や文化面に北魏の特徴があふれています。

特に大化改新に見られる急激な漢化政策は王朝が北魏系、つまり中国系にとって替わられたことを端的に示していると考えられるのです。

なぜ、明治以前には皇室は伊勢神宮に参拝しなかったのか

天皇陛下が神式にのっとって、歴代天皇が祀られている皇霊殿《こうれいでん》に参拝なさるシーンをご存じのことでしょう。それを古代からずっとそうだったと思い込んでいるのではないでしょうか。

でも、それは事実ではありません。宮中に皇霊殿ができたのは明治になってからのことでした。

なんと、**かつては歴代天皇の葬儀も神式ではなく、仏式で行なわれていたのです。**

明治以前は、歴代天皇には尊牌《そんぱい》（位牌）があり、内裏《だいり》（京都御所）清涼殿《せいりょうでん》の黒《くろ》戸《ど》（仏間）などに安置されていました。

中世以降、江戸時代までは「仏式」で供養が行なわれ、春秋の彼岸会《ひがんえ》法要《ほうよう》も行

なわれていたのです。

しかし、明治維新後、神仏判然令《しんぶつはんぜんれい》により、宮中祭祀《さいし》はすべて神式となったことから、歴代天皇の念持仏《ねんじぶつ》（個人が私的に礼拝する仏像）などとともに、京都・東山の泉涌寺《せんにゆうじ》に遷されました。

位牌が泉涌寺に遷されたのは明治9年（1876）のことで、明治政府の廃仏《はいぶつ》毀釈《きしやく》の方針によるものでした。

さらに驚くのは、そこには神武天皇はおろか、天智天皇の位牌もなく、祀られているのは光仁《こうにん》天皇以降に限られるのです。

天智天皇の位牌はもともと宮中にはなく、これも明治9年に法安寺《ほうあんじ》（京都市東山区）にあったものが遷されたという特殊な経緯があります。

古くから江戸時代まで、天皇は仏式で祀られていたということを知らなかった方も多いのではありませんか。

神武天皇陵も橿原神宮《かしはらじんぐう》も明治政府が造ったものであり、もっと驚くべきことに、天皇の伊勢神宮参拝も明治以降に始まったことなのです。

◉新天皇即位の儀式も「仏教方式」だった

天皇家、皇室こそ日本の神道の中心であり、伊勢神宮へ参拝してきたに違いないのでは、と考えたくなるはずです。

なぜ、伊勢神宮参拝が行なわれてこなかったのかを知るために、皇室の構成民族と宗教の時代変遷を大きくまとめてみます。

・天照大神～神武天皇～開化《かいか》天皇の時代：縄文時代以来の日本人＋原始神道
・崇神天皇～武烈天皇の時代：百済・新羅系渡来氏＋宗教？
・継体天皇～推古天皇の時代：日本人＋古神道
・舒明天皇～天智天皇の時代：藤原氏の朝廷奪取への過渡期
・天武天皇以降の時代：北魏系渡来氏（藤原氏）＋道教・仏教

天孫降臨《てんそんこうりん》のときに「同床共殿《どうしょうきょうでん》」（同じ建物の中、同じ部屋の中にいなさい）と神勅《しんちょく》を受けていて、それを皇室は代々守ってきました。ところが崇神天皇の時に、神鏡と神剣の威力に耐え切れずにそれらを宮中から追い出してしまいました。それは崇神天皇が異民族であったためと思われます。それが各地を転々とした後、伊勢に留《とど》まるといったので、伊勢神宮を造り、奉祭しました。

後に、ヤマトタケルが神剣を持ち出しましたが、それは熱田神宮に奉祭《ほうさい》されました。

その後の皇位継承の際に使われた神器といわれるものは、いわばレプリカの神鏡と神剣なのです。もし皇室が神道の中心ならば、なぜ、本物の神鏡と神剣を神勅に従って宮中に置かないのでしょうか。不思議なことに、本物は現在も伊勢神宮と熱田神宮にあるはずです。

新天皇が即位するときには三種の神器を受け継ぐ儀式が行なわれます。その「即位灌頂《そくいかんじょう》」という儀式も奈良時代から江戸時代まで、ずっと仏式で執り行なわれてきたのです。

少なくとも**天武天皇以降の皇室は、道教・仏教を奉じる藤原氏であったことが、明治以前に皇室が伊勢神宮に参拝しなかった理由なのです。**

なぜ、歴代天皇にも「位牌」があったのか

前項で、泉涌寺に祀られている歴代天皇の位牌に関して、「神武天皇はおろか天智天皇の位牌もなく、祀られているのは光仁天皇以降に限られる。また、天智天皇の位牌はもともと宮中にはなく、これも明治9年に法安寺にあったものが遷されたという特殊な経緯がある」と書きました。

宮中の黒戸（仏間）に、光仁天皇以降の歴代天皇の位牌しかなかったのは、なぜでしょうか。

天智天皇は山背で行方不明になり（『扶桑略記』）、葬儀もなくという状況でしたから、位牌はあとで作られたものかもしれません。

天武天皇から称徳《しょうとく》天皇までの天皇の位牌がないことについては、その葬儀について『日本書紀』と『続日本紀』に書かれていることを調べると、

・天智天皇　崩とあるだけでほかの記述なし
・天武天皇　仏式での葬儀の模様
・聖武天皇　仏式での葬儀、戒名《かいみょう》が勝満《しょうまん》。奈良の大仏も造り、出家もしている

これらから見ると、天智天皇はともかく、天武天皇、聖武天皇等の位牌が存在しないわけがありません。

ということは、**位牌が何者かによって宮中から排除されたのでしょうか。**

その可能性は考えられます。

◉「位牌がない天皇」が示す真実

天智天皇はおそらく天武天皇（大海人皇子）が暗殺した人物です。そして天武天皇は、「壬申の乱」で天智天皇の子、大友皇子を攻め滅ぼした人でもあります。

さらに、天智天皇の血を引くものは殺されたり、または冷遇されました。

位牌が存在する最古の天皇である光仁天皇は、后が聖武天皇の娘でしたが、本人は天智天皇の嫡流でした。天智天皇とその一族がこうむった扱いを熟知しているだけでなく、天武天皇や藤原不比等の血統に恨《うら》みを持っていても不思議はないでしょう。これは、光仁天皇の仕返しではないかと疑っています。

天智天皇より前の歴代天皇の位牌がないのは、日本の仏教化が完成したのが天武天皇の時代からだったためだろうと思われます。

逆にいえば、それまでは日本は仏教の国ではなかったのです。**6世紀の継体天皇の時代に北魏系の渡来があり、藤原氏として活動を強め、仏教を含む漢化（中国式）政策を進めてきました。**

そして、天武天皇による藤原政権の完成が漢化の完成、すなわち仏教化の完成でもあったと考えられるのです。

なぜ、公式文書は奈良から江戸まで「漢文」だったのか

明治時代の公文書が「漢字＋カタカナ」で書かれていたのを目にすることがあるかもしれません。しかも文語体の文章です。江戸時代には、公文書は全国津々浦々、どの藩でも漢文でした。

では、いったいいつから漢文だったのでしょうか。それは、公文書が成立した律令制が制定された時までさかのぼれます。

およそ国家があり、行政機関があれば、記録を残さないわけがありません。『古事記』の序文に、稗田阿禮が古代文字の翻訳者として登場しますし、『日本書紀』にも、古代には古い文字が多種あったと記述しています。

しかし、それら「漢文以前の記録」はなぜ残っていないのでしょうか。

藤原氏による「日本版“焚書《ふんしょ》”」が行なわれたからです。

それ以前の『天皇記』『国記』は蘇我氏滅亡の際に焼失したことになっています。いわば国家の最重要記録だったでしょうが、復活させようとした形跡がありません。在地十八氏の墓記を提出させて、その後はどうなったかは闇の中です。

つまり、すべてないことになりました。そして、藤原氏が望んだ歴史ストーリーに合わせた『古事記』や『日本書紀』が編纂されたのです。それらは漢文でした。平仮名による文章は、平安時代の『源氏物語』『土佐日記』『枕草紙』などが有名ですが、いずれも公文書ではありません。

その後、鎌倉時代に至っても、**藤原氏では日記も漢文でした。日記という毎日の記録は一番書きやすい言葉で書くものでしょう。それが漢文ということは、漢語が日常的な言葉であったことを意味すると考えられます。**たとえば、藤原定家の56年間にも及ぶ日記『明月記』はすべて漢文で書かれています。

それは、藤原氏が北魏系の渡来氏だったからでしょう。

彼らが日本人（在地人）でなかったことは、「壬申の乱」に参加していた日本人の日記に「唐人」と明記されています（『釈日本紀《しゃくにほんぎ》』）し、宮中で行なわれた踏歌（中国の舞踊）なども漢人、唐人が舞うとの記録が存在します。

●日本人でないから日本語を使わなかった

漢人が漢語を使っていたのは当然のことではないでしょうか。それどころか、天武天皇11年（682）には、「新字一部四十四巻」の作成の指示があり、「禮儀言語の状」を定める、との記述が『日本書紀』にあります。

「言語の状を定める」とは何のことか、あまり知られていません。あるいは、タブーとして触れないことになっているのかもしれません。

先に述べたように、鎌倉時代の藤原定家が日記を漢文で書いているのですから、それ以前の藤原氏の通常の会話は漢語で行なわれていたとみたほうがいいでしょう。ひょっとすると先祖から鮮卑語が伝わっていて、まだ使う者がいたのかもしれません。いずれにせよ、藤原氏によって宮中の言葉は漢語に統一されたと考えられるのです。

もう一つ、「新字一部四十四巻」の作成については、それを実際に見た人の日記が残っていて、『釈日本紀』に引用されています。

それによれば、梵字に似たものだとのことです。となれば、鮮卑文字だったのではないでしょうか。

遣唐使に同行した留学生のほとんどが渡来氏の子弟でした。そうでなくては、唐で短期間で十分な学習効果を上げることができなかったと思われます。

明治時代になって標準語の制定を行なう時に、文語も候補の一つになりました。日本各地には多様な方言がありますが、文語は全国どこでも同じでしたから、いうならば共通語でもあったのです。

コラム 「関西弁」が物語る歴史の真実

「おおきに（ありがとう）」

「べっぴん（美人）」

「しばく（殴る）」

「ねぶる（舐める）」

といった関西弁があります。

ただ、ひと口に関西弁といっても、プライド高き京都と、自己主張のやや強すぎの大阪では差がありますし、大阪の中でも昔の国単位、つまり摂津、和泉、河内で相当異なります。関西以外で聞く、吉本芸人中心の大阪弁というのは、やや〝汚い〟と表現されることの多い河内弁に近いのではないかと思います。

関西弁は標準語と比べて、冒頭の例のような単語の差だけでなく、アクセントも独特です。たとえば、「橋」と「箸」のアクセントが、大阪と東京で反対なのはよく知られているものでしょう。

では、この違いはどうしてできたのでしょうか。

日本語のアクセントは関東型と関西型に大きく分けられます。
その分布のイメージは、東京から東が関東型、対して滋賀県、京都府、三重県、和歌山県から西が関西型、そしてその中間が混在型というところでしょうか。
実は、東日本も九州、沖縄も関東型で、その中央に関西型がはさまれているのです。この点から、日本の言葉のアクセントはもともと全国的に関東型だった。そこに近畿地方を中心に割り込んできた別のアクセントの勢力があったと考えてみてはどうでしょうか。

そこを検証するにはアクセント以外の特徴もとらえなければなりません。

【縄文語】
・一文字語が多い　「め（目）」「せ（背）」「て（手）」「い（猪）」「ひ（火）」など
・濁音が多い　「ごいすぐで（恋しくて）」東北弁の感じ（吉幾三の歌がもつ情感のような印象）

【関西語】

・二音語がほとんど　「きい（木）」「はあ（葉、歯）」「めえ（目）」

・濁音が少ない　「そうや（そうだ）」

・助詞を省く　「通天閣行きましてん（通天閣に行きました）」「これどないすんの（これをどうするの）」

いかがでしょうか。中国語では、ほとんどの漢字は二音で読みます。中国語には濁音がありません（徳川和子が入内の時に濁音が宮中で嫌われるからと『まさこ』と改名させられた例も先に挙げました）。中国語には助詞が極めて少ない。これらの点で中国語に似ていることが見えてきます。

その他の特徴もチェックしてみましょう。

【縄文系の容貌】

眉が濃く、鼻が高く、彫りが深い。肌が白く、時に青い目の人も混じる。背の高い人も多い

【関西系の容貌】
眉が薄く、平板な顔
縄文系と関西系とには人種的な差異があるように感じます。関西系のほうが大陸的。

【中国語教育】
律令政治における教育機関、大学寮では唐から中国語の発音の専門家を招いて音《こえの》博士とし、漢籍の中国語による音読を教えていた。『日本書紀』の持統天皇5年（691）に音博士の記録がある。統治機構の中では中国語が必須であったことがわかる

【中国からの渡来氏の居住地】
中国からの渡来は大きく3回あったが、居住地は大和と山背《やましろ》に集中していた

【大和政権の支配地域】
元明天皇の時代であっても政権の支配地は限定されていた。和銅5年（712）に綾錦（絹織物）を織るように大和政権から指示を出した国は、伊勢、尾張、参河《みかわ》、駿河、伊豆、近江、越前、丹波、但馬、因幡《いなば》、伯耆《ほうき》、出雲、播磨《はりま》、備前、備中、備後、安芸《あき》、紀伊、阿波、伊予、讃岐の21カ国だけ。そして中心の大和、山背は当然ということなのか記載されていない。これらを見れば、中国語を使う統治機構が影響力を持つ地域が関西弁の地域にほぼ一致していることがわかる

これらの特徴に加えて、関西人特有のにぎやかさ、社会性なども中国的に感じられます。中国人観光客への「日本の中のどこが一番親しみやすいですか」との質問に対する答えは「大阪」というものだったとか。

関西弁というのは、どうやら中国から来た渡来人たちによる統治の結果、日本語がある程度、中国語的になった結果だと考えられるのです。

たとえば、科学的な根拠はありませんが、関西弁の「こんにちは」と、中国語の「ニーハオマ」のイントネーションなど、酷似しているようにも聞こえます。

〈おわりに〉
歴史の真実を知らせる「サイン」はここにある

キツネが雪の上を歩いていくときに、その長い尻尾で自分の足跡を消していくなんて話があります。もちろん「お話」です。

でも、足跡を完全に消し去ったら、キツネは元の場所に戻ることができませんね。ですからキツネは、足跡を他の動物に知られないように消しながらも、自分がたどる時のためにサインを残していくといいます。

ボーイスカウトでハイキングをするときにも、後から来る仲間のために特別な追跡サインを残して進んでいくといいます。どっちに行ったか、飲み水はあるか、崖《がけ》が危険、などなどのサインです。

この2つの例が示すのは、他の者にはわからないようにしながら、仲間や後に続く者たちには認識できるサインを残していく方法がある、ということです。

藤原氏も同様でした。

本書で取り上げてきたように、歴史を自分たちに都合のよいように改変していきます。

しかし、その改変が完璧であればあるほど、彼らの氏の子孫までもがその改変を真実だととらえてしまう可能性が高くなります。それでは先祖がどこから来て、どのようにして今の繁栄を作り上げてきたかがわからなくなってしまいます。そこで、彼らはキツネやボーイスカウトのように、ポイントごとにサインを残しました。

これが『日本書紀』の記述に、「あれっ」「ヘンだぞ」と感じる部分を意図的に残した理由でしょう。

それだけでなく、720年の『日本書紀』完成の翌年には、編者の一人である太安万侶自身が講師となって「説明会」を実施しています。これを「日本紀講筵《にほんぎこうえん》」と呼び、その後も30〜60年ごとに開かれました。

『日本書紀』には、いわば「口伝」があったというわけですが、その講義録のようなものは「説」と呼ばれ、たとえば「養老説」というものがありました。

となれば、『日本書紀』に書かれていることを、そのまま事実だと鵜呑みにすることは、本当の歴史を知る上で危険があるということでしょう。

本書で示してきた「謎と答え」は、まだそれのほんの一部にすぎません。『日本書紀』『古事記』『万葉集』『懐風藻』『古今和歌集』『百人一首』にも隠された秘密があるものと思われます。

つい最近のゲノム解析から関西系の人々が古代中国の黄河周辺にいた漢民族に近いとわかりました。これは藤原氏が北魏からの渡来氏とする本書の考えに一致します。このような科学的知見が今後ますます古代史解明のツールになると期待されます。

昔、レオナルド・ダ・ヴィンチが、ヨーロッパ・アルプスという高所の地層に貝の化石を発見し、「ここはかつて海の底だったのか！」と驚いた発見の感激を、日本の古代史の中で一緒に味わっていただけたらと願います。

園田　豪

本書は、本文庫のために書き下ろされたものです。

知《し》れば知《し》るほど闇深《やみぶか》い
藤原氏《ふじわらし》の謎《なぞ》

著者　園田　豪（そのだ・ごう）

発行者　押鐘太陽

発行所　株式会社三笠書房

〒102-0072 東京都千代田区飯田橋3-3-1

電話　03-5226-5734（営業部）03-5226-5731（編集部）

https://www.mikasashobo.co.jp

印刷　誠宏印刷

製本　ナショナル製本

ISBN978-4-8379-3089-1 C0130

王様文庫

眠れないほどおもしろい紫式部日記

板野博行

「あはれの天才」が記した平安王朝宮仕えレポート！　◎『源氏物語』の作者として後宮にスカウト！　◎出産記録係に任命も彰子様は超難産!?　◎ありあまる文才・走りすぎる筆で女房批評！……ミニ知識・マンガも満載で、紫式部の生きた時代があざやかに見えてくる！

眠れないほどおもしろい源氏物語

板野博行

マンガ&人物ダイジェストで読む〝王朝ラブ・ストーリー〟！　この一冊で、『源氏物語』のあらすじがわかる！　光源氏、紫の上、六条御息所、朧月夜、明石の君、浮舟……きっとあなたも、千年の時を超えて共感する姫君や貴公子と出会えるはずです！

眠れないほど面白い『古事記』

由良弥生

意外な展開の連続で目が離せない！　「大人の神話集」！　●【天上界vs.地上界】出雲の神々が立てた〝お色気大作戦〟　●【恐妻家】嫉妬深い妻から逃れようと〝家出した〟神様　●【日本版シンデレラ】牛飼いに身をやつした皇子たちの成功物語　……読み始めたらもう、やめられない！

K30662